Pferdeführerschein Umgang

Autorin:
Ute Schmidt wurde 1965 in Passau geboren. Auf dem elterlichen Anwesen war sie schon als Kind von vielen Tieren umgeben, darunter auch Arbeits- und Kutschpferde.
Unter Aufsicht des gestrengen Großvaters, der Rittmeister war, lernte sie schon von klein auf vieles über Aufstallung, Gesundhaltung und Fütterungstechniken.
Fundierten Reitunterricht bekam sie ab dem zehnten Lebensjahr in Dressur und Springen.

1996 zog sie nach Hamburg, wo sie sich ihren Traum von einer eigenen Reitschule erfüllte. Sie lebt mit ihrer Familie auf einem Resthof im Südosten von Hamburg, wo sie auf ihren Friesenpferden Kinder und Jugendliche unterrichtet.

Illustratorin:
Mirella Sperling

Titelfoto:
Ariane Lange

Bebilderung Rückseite:
Wikipedia

Copyright:
Ute Schmidt, Hamburg

Bisher erschienen:

Reitabzeichen 5	ISBN - Nummer 9783746092966
Reitabzeichen 6	ISBN - Nummer 9783739243177
Reitabzeichen 7	ISBN - Nummer 9783739207667
Reitabzeichen 8	ISBN - Nummer 9783738637441
Reitabzeichen 9	ISBN - Nummer 9783734793226
Reitabzeichen 10:	ISBN - Nummer 9783734761102
Reitabzeichen 10 (englisch)	ISBN - Nummer: 9783748133483
Reitpass	ISBN - Nummer 9783752805239
Longierabzeichen 5	ISBN - Nummer 9783741237454
Bodenarbeit Stufe 1	ISBN - Nummer 9783746050133
Trainerassistent	ISBN - Nummer 9783750435209

Ergänzendes Übematerial in Form von Smartphone-Apps ist im Google Play Store erhältlich.

ISBN –Nummer 9783750437210

Dieses Buch gehört:

_____

Inhaltsverzeichnis

Kapitel 1: Annähern und Stallhalfter anlegen

🐴 Was beachtet man, wenn man sich einem Pferd nähert?	☐ Man spricht es vorher ruhig und vernehmbar an und beobachtet seine Reaktion.
🐴 Warum ist das Ansprechen so wichtig?	☐ Man macht es damit auf sich aufmerksam und vermeidet, dass es sich erschreckt und dabei sich oder andere verletzt.
🐴 Von welcher Seite nähert man sich dem Pferd?	☐ Immer von schräg und von vorne annähern – niemals von hinten!
🐴 Was beachtet man, wenn man das Stallhalfter anlegen möchte?	☐ Man ordnet das Stallhalfter vorher, legt den Führstrick über die Schulter und stellt sich links nahe an den Pferdkopf.
🐴 Wie legt man das Stallhalfter an?	☐ Man legt die rechte Hand auf den Nasenrücken und hält dabei auch das Halfter fest. Die linke Hand schiebt den Nasenriemen über die Nüstern und die rechte zieht dann das Halfter über die Ohren.
🐴 Wie wird das Stallhalfter verschlossen?	☐ Man schließt das Stallhalfter mit dem Karabinerhaken so, dass dieser das Pferd nicht verletzen kann.

🐴 Wie holt man ein Pferd aus der Box?	☐ Man gewöhnt dem Pferd an, an die Boxentür zu kommen. Diese schiebt man ganz auf und halftert das Pferd. In der Box kann man vom Pferd an die Wand gedrückt werden!

Kapitel 2: Ethologie – Die Verhaltensweise der Pferde

Weshalb ist es nicht artgerecht, ein Pferd alleine zu halten?	☐ Weil Pferde **Herdentiere** sind. Sie brauchen die Gesellschaft anderer Pferde. Es gibt Herden mit bis zu 400 Pferden. Die Herde bietet dem Pferd Sicherheit.
Wie funktioniert eine Herde?	☐ Jedes Pferd hat seinen Platz in der Herde. Dieser Platz hängt ab vom Alter, der Intelligenz, der Erfahrung und dem Geschlecht. Häufig werden Herden von ranghohen Stuten geleitet. In kleineren Gruppen ist meist der Hengst das Leittier.
Wie passen wir Menschen in diese Herde?	☐ Um im Rang über dem Pferd zu stehen muss man die Körpersprache des Pferdes verstehen und seine eigenen Signale optimieren.
Nutzen Pferde ihre Stimme zur Kommunikation?	☐ Es gibt unterschiedliche Arten von Wiehern, Quieken oder Gebrummel. Allerdings ist die Körpersprache des Pferdes viel wichtiger.
Das Pferd ist ein **Fluchttier**. Was bedeutet das?	☐ Das Fluchtverhalten sicherte dem Pferd in der Steppe das Überleben. Es ist ein Urinstinkt des Pferdes, der nach wir vor sehr aktiv ist.
Das Pferd ist auch ein **Steppentier**. Was bedeutet das?	☐ Pferde fressen in der freien Wildbahn bis zu 16 Stunden und legen damit Reserven an. Das Verdauungssystem ist also auf kontinuierliches Fressen ausgelegt. Deshalb müssen wir für das Pferd den Zugang zur Weide oder zum Raufutter ermöglichen.
Und wann schlafen die Pferde?	☐ Pferde ruhen pro Tag etwa 7 Stunden. Davon dösen sie etwa 6 Stunden und schlafen etwa 1 Stunde.
Wie vertragen Pferde Hitze und Kälte?	☐ Die ideale Temperatur liegt zwischen – 15 und +25 Grad. Im Winter bekommen sie ein perfektes Fell, das die Temperatur regelt.
Was passiert, wenn man dem Pferd keine artgerechte Haltung ermöglicht?	☐ Dies kann zu massiven gesundheitlichen Störungen und /oder Störungen in der Verhaltensweise führen wie Schlagen, Beißen, Durchgehen, Scheuen. Auch Stereotypen wie Koppen oder Weben können auftreten.
An welchen Körpermerkmalen lässt sich die Gemütsverfassung des Pferdes erkennen?	☐ Am Ausdruck der Augen, dem Ohrenspiel, der Schweifhaltung, der Lippenbewegung und der Bein- bzw. Kopfhaltung.

Was bedeutet es, wenn ein Pferd die Ohren flach anlegt?	☐	Es drückt Abwehr und Unbehagen aus. Man kann versuchen, durch gutes Zureden das Vertrauen wieder herzustellen.
Was bedeutet es, wenn das Pferd den Kopf leicht hängen lässt und ein Hinterbein angewinkelt ist?	☐	Das Pferd ruht. Man muss es rechtzeitig ansprechen, damit es sich nicht erschrickt.
Was bedeutet es, wenn das Pferd die Ohren nach vorne nimmt und aufmerksam guckt?	☐	Das Pferd ist neugierig und interessiert sich für die Vorgänge.
Was bedeutet es, wenn das Pferd über die Weide galoppiert und der Schweif wie eine Fahne hochgestellt ist?	☐	Das Pferd ist ganz aufgeregt und möchte sich präsentieren. Man wartet am Gatter, bis es sich beruhigt hat.
Was bedeutet es, wenn das Pferd den Schweif zwischen die Hinterbacken klemmt? Oft sieht man auch das Weiße in den Augen.	☐	Das Pferd hat Angst und muss durch gutes Zureden beruhigt werden. Vorsicht ist geboten!
Weshalb soll man ein Pferd, das Angst zeigt, auf keinen Fall bestrafen?	☐	Durch Bestrafung steigert sich die Angst. Man muss das Vertrauen erst wieder durch gutes Zureden herstellen.

Versuche, die vier Abbildungen zu beschriften!

🐴 Was bedeutet es, wenn die Pferdeohren schräg zur Seite stehen?	☐ Dies ist ein Zeichen von Entspannung – das Pferd fühlt sich wohl.
🐴 Was bedeutet es, wenn die Pferdeohren starr nach vorne stehen?	☐ Das ist ein Zeichen für Aufmerksamkeit, Neugier oder aber auch für Anspannung.
🐴 Was kann es bedeuten, wenn das Pferd die Unterlippe hängen lässt?	☐ Das Pferd ist jetzt in völliger Entspannung und ist kurz vor dem Einschlafen.
🐴 Was bedeutet es, wenn das Pferd flehmt? Dabei zieht es die Oberlippe über die Zähne und streckt Hals und Kopf nach oben.	☐ Das Pferd nimmt vermehrt Gerüche über das Jakobson`sche Organ auf. Man sieht dies oft bei Hengsten, welche rossige Stuten wittern.

Versuche die vier Abbildungen zu beschriften!

Kapitel 3: Sicherheit am Pferd

🐴 Warum passieren im Umgang mit Pferden so oft Unfälle?	☐ Durch zu geringe Kenntnisse des Pferdeverhaltens. Deshalb ist es wichtig, zu lernen, wie Pferde kommunizieren.
🐴 Was muss man beachten, wenn man ein Pferd hinter einem anderen herführt?	☐ Man hält den Sicherheitsabstand von mindestens zwei Pferdelängen ein.

🐴 Was tut man immer als Erstes, wenn man sich einem Pferd nähert?

☐ Man spricht es an und wartet seine Reaktion ab.

🐴 Warum sollte man dem Pferd nicht zu viel Kraftfutter geben?	☐ Es wird dann unberechenbar. Es kann zu dick und sogar krank werden.
🐴 Darf man im Umgang mit dem Pferd laute Geräusche verursachen und sich hastig bewegen?	☐ Pferde sind Fluchttiere. Deshalb immer in Ruhe und in ruhigem Ton mit den Pferden umgehen.
🐴 Welches Schuhwerk braucht man beim Umgang mit Pferden?	☐ Pferde sind groß und schwer. Deshalb nur mit festem Schuhwerk zum Pferd!
🐴 Braucht man einen Helm?	☐ Ein Helm ist beim Reiten Pflicht! Auch beim Umgang mit dem Pferd ist er empfehlenswert, denn auch hier kann man verletzt werden.

Kapitel 4: Anbindetechniken

🐎 In welchem Zustand müssen Stallhalfter und Führstrick sein?	☐ Beides muss stabil sein, damit sich das Pferd nicht losreißen kann. Knoten im Führstrick führen zu Handverletzungen.
🐎 Was ist das Besondere an einem Anbindeknoten für das Pferd?	☐ Der Knoten muss für uns leicht zu lösen sein, aber das Pferd muss sicher angebunden sein, wenn es daran zieht.
🐎 Wofür benötigt man den Panikhaken am Anbindestrick?	☐ Sollte sich der Anbindeknoten nicht lösen lassen, weil er vielleicht nicht korrekt ist, kann man das Pferd leicht mit dem Panikhaken befreien. Dies ist wichtig für Gefahrensituationen – wie z. B. bei Feuer im Stall.
🐎 In welcher Höhe wird ein Pferd angebunden?	☐ Immer auf Höhe des Buggelenkes.
🐎 Wie lang soll der Anbindestrick sein?	☐ Ungefähr so lang, wie der Kopf des Pferdes ist. Wird er zu kurz, wird das Pferd nervös. Ist er zu lang, kann das Pferd hinein treten.
🐎 Wo darf man ein Pferd anbinden?	☐ Immer nur an ganz stabilen Ringen an der Wand oder an Balken.
🐎 Darf man das Pferd auch an den Gitterstäben einer Box anbinden?	☐ Ja, aber nie an der Tür. Außerdem sollte kein Pferd in der Box sein, da es zu Streit kommen könnte und sich das Pferd dann losreißen oder verletzen könnte.
🐎 Worauf achtet man, wenn mehre Pferde in der Stallgasse angebunden sind?	☐ Es muss genug Sicherheitsabstand sein, damit die Pferde sich nicht beißen oder treten können.
🐎 Darf man ein angebundenes Pferd alleine lassen?	☐ Auf keinen Fall! Es könnte sich losreißen und sich und andere gefährden.

Kapitel 5: Pferdepflege

Welche Gegenstände braucht man, um ein Pferd zu putzen?	☐ Gummistriegel, Kardätsche, Wurzelbürste, Hufauskratzer, Huffett mit Pinsel, Papiertücher.
Wie lange darf das Putzen dauern?	☐ Man muss zügig putzen. Wenn es zu lange dauert, wird das Pferd unruhig.
Darf man das Pferd auch in der Box putzen?	☐ Auf keinen Fall! Man könnte an die Wand gedrückt werden und außerdem rieselt der ganze Schmutz in Einstreu und Futter.
Wie oft putzt man das Pferd und warum?	☐ Das Pferd wird täglich einmal geputzt. Man kann dabei Verletzungen und Krankheiten früh erkennen, man lernt sich gut kennen, und für das Pferd ist es eine schöne Massage.
Wie geht man beim Putzen vor?	☐ Man putzt immer von vorne nach hinten und von oben nach unten.
Was benutzt man zuerst?	☐ Zuerst holt man sich den Gummistriegel und die Kardätsche. Mit dem Striegel löst man kreisförmig allen Schmutz und lose Haare. Kopf, Beine und Stellen, an denen die Knochen dicht unter dem Fell liegen, werden nicht gestriegelt.
Und wie geht es weiter?	☐ Mit der Kardätsche macht man das Fell wieder glatt und bürstet allen Staub heraus. Putzt man an der linken Seite des Pferdes, hält man die Kardätsche in der linken Hand – und umgekehrt.
Wie reinigt man Kardätsche und Gummistriegel?	☐ Die Kardätsche wird in Richtung der Fingerspitzen am Striegel abgestrichen. Der Gummistriegel wird auf dem Boden ausgeklopft.
Was folgt nach dem Putzen des Deckhaars?	☐ Jetzt werden Kopf, Mähne und Schweif gepflegt.

🐎 Wie pflegt man den Kopf des Pferdes?	☐	Man nimmt dafür eine ganz weiche Bürste. Augen, Nüstern und Maul werden, wenn nötig, mit den Papiertüchern gereinigt.
🐎 Wie pflegt man das Langhaar?	☐	Bei Pferden mit dichtem Langhaar kann man eine Bürste benutzen. Man sollte vorher aber etwas Mähnenspray benutzen, damit man nicht so viele Haare ausreißt. Außerdem hält man die Strähnen, die man bürstet, oberhalb gut fest. Bei Pferden mit wenig Langhaar wird verlesen. Ab und zu muss der Schweif mit Pferdeshampoo gewaschen werden.
🐎 Wie geht das Verlesen?	☐	Man nimmt den ganzen Schweif in eine Hand und zieht mit der anderen Hand immer ganz kleine Strähnen heraus. Man fängt damit ganz oben an. Verlesen dauert sehr lange.

Versuche das Putzzeug zu beschriften!

Kapitel 6: Hufe und Hufschmied

Wie werden die Hufe des Pferdes gepflegt?	☐ Vor dem Ausreiten werden die Hufe nur ausgekratzt, aber nach dem Reiten reinigt man sie gründlich von innen und außen.
Was macht man bei anhaltender Trockenheit?	☐ Die sauberen Hufe werden mit einem Schwamm gut angefeuchtet und dann von innen und außen mit Huffett eingepinselt.
Was beachtet man beim Auskratzen der Hufe?	☐ Der Huf hat außen eine Glasurschicht, die man nicht zerkratzen darf. Außerdem muss man beim Hufstrahl und am Ballen vorsichtig sein, denn hier ist das Horn weicher.
Welche Aufgabe hat der Hufschmied?	☐ Der Hufschmied sollte alle vier bis sechs Wochen bestellt werden. Er schneidet dann die Hufe aus und rundet sie mit der Raspel gut ab. Hat das Pferd Hufeisen, werden diese nach Bedarf erneuert.
Was kann passieren, wenn der Hufschmied nicht regelmäßig kommt?	☐ Dann können die Hornwände ausbrechen, was zur Folge hat, dass man keine Hufeisen mehr aufnageln kann. Außerdem kann es zu Fehlstellungen kommen, welche Gelenke und Sehnen belasten. Zu lange Zehen lassen Pferde auch stolpern.
Was kann man bei der Hufpflege selbst erledigen?	☐ Man kann abgesplittertes Horn mit der Zange entfernen und mit der Hufraspel die Stellen wieder glatt feilen. Auch loses Horn am Strahl kann man gut selbst entfernen. Hat das Pferd ein Eisen verloren, kann man verbliebene Nägel auch selber ziehen.
Wann muss ein Pferd beschlagen werden?	☐ Pferde werden dann beschlagen, wenn das Horn zu schnell abgerieben wird. Das ist häufig bei Kutsch- und Turnierpferden der Fall. Auch für Pferde, die viel ins Gelände gehen, ist ein Beschlag sinnvoll.
Was ist ein orthopädischer Beschlag?	☐ Das sind spezielle Hufeisen, mit denen man entweder den Huf entlastet oder die Stellung des Hufes korrigiert.

Lerne und beschrifte!

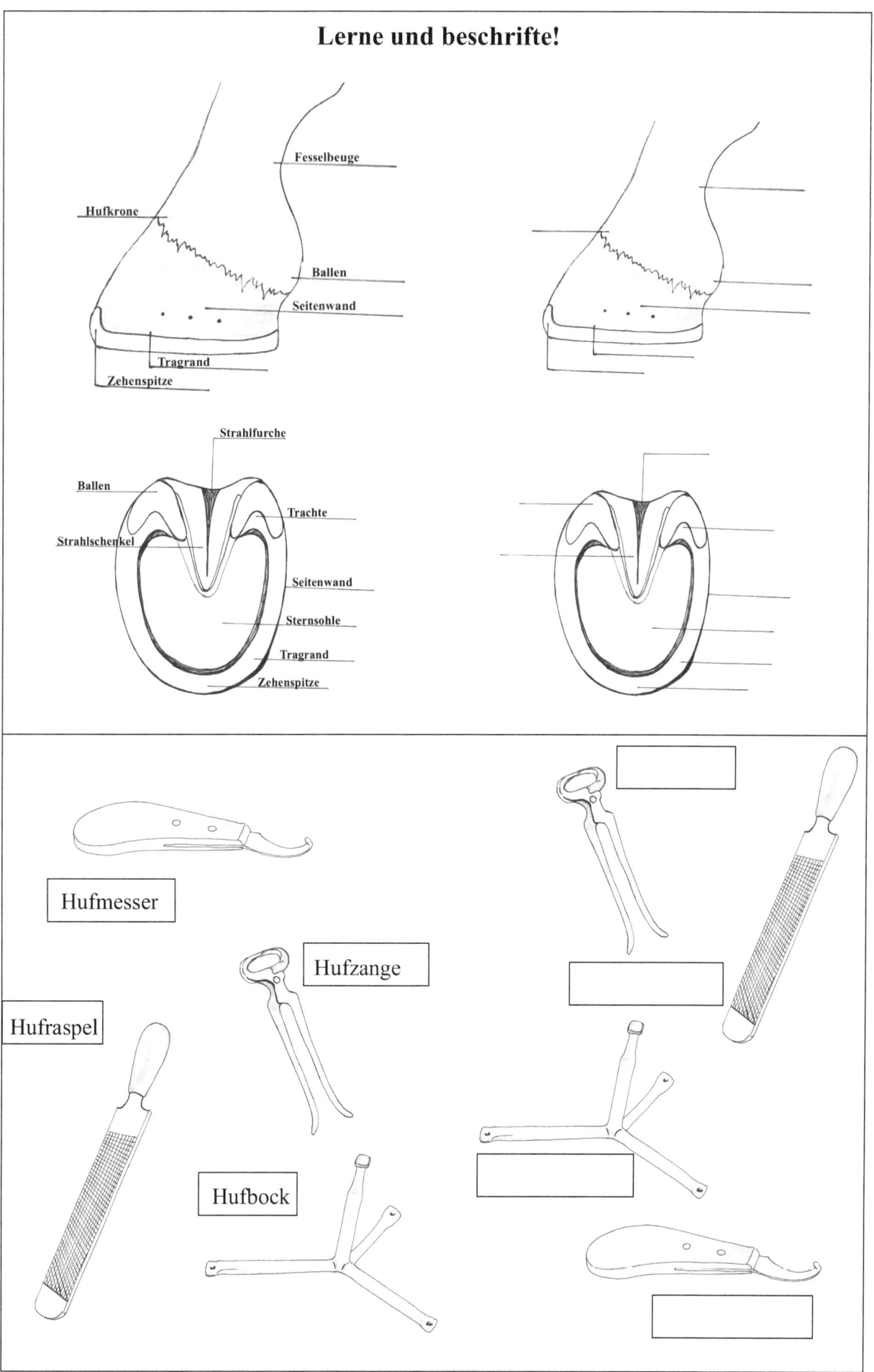

Fesselbeuge

Hufkrone

Ballen

Seitenwand

Tragrand

Zehenspitze

Strahlfurche

Ballen

Trachte

Strahlschenkel

Seitenwand

Sternsohle

Tragrand

Zehenspitze

Hufmesser

Hufzange

Hufraspel

Hufbock

Kapitel 7: Sattel und Reithalfter

🐴 Welches sind die gängigsten Sattelarten?	☐ Dressursattel, Springsattel und Vielseitigkeitssattel.
🐴 Wodurch unterscheiden sich Spring- und Dressursattel?	☐ Beim Dressursattel ist das Sattelblatt deutlich länger und sehr gerade geschnitten, damit man nicht mit dem Stiefelrand unter das Sattelblatt hakt, wenn man mit langen Steigbügeln reitet. Beim Springsattel ist das Sattelblatt deutlich kürzer und runder geschnitten, da man beim Springen mit kürzeren Bügeln reitet und somit das Knie weiter nach vorne kommt.
🐴 Wo liegt der tiefste Punkt des Sattels, wenn man richtig gesattelt hat?	☐ In der Mitte der Sitzfläche.
🐴 Worauf muss man bei der Sattelkammer achten?	☐ Sie sollte hoch geschnitten sein, damit der Sattel auf keinen Fall auf den Widerrist drückt.
🐴 Woher weiß man, ob der Sattelgurt an der richtigen Stelle liegt?	☐ Zwischen dem Sattelgurt und dem Ellbogenhöcker des Pferdes muss eine Hand passen.
🐴 Was kommt unter den Sattel?	☐ Unter den Sattel kommt eine weiche Satteldecke, die den Schweiß aufsaugt, die Luft durchlässt und leicht zu waschen ist.
🐴 Wie sollen die Steigbügel beschaffen sein?	☐ Diese sollten so groß sein, dass man bei einem Sturz leicht heraus kommt, und sie sollten auch schwer sein, damit sie, wenn man sie beim Reiten verliert, leichter wieder einfangen kann.
🐴 Warum haben viele Sättel drei Gurtstrippen?	☐ Sattelgurte haben nur zwei Schnallen. Die dritte Gurtstrippe ist als Ersatz da und manchmal auch zur Korrektur, wenn der Sattel nicht perfekt sitzt.

Beschrifte die drei Sättel!

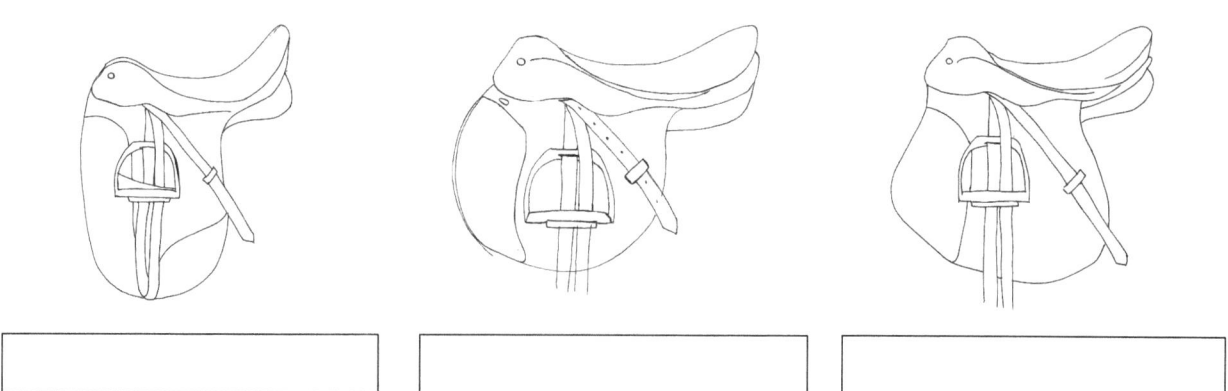

Präge dir die Einzelteile des Sattels gut ein!

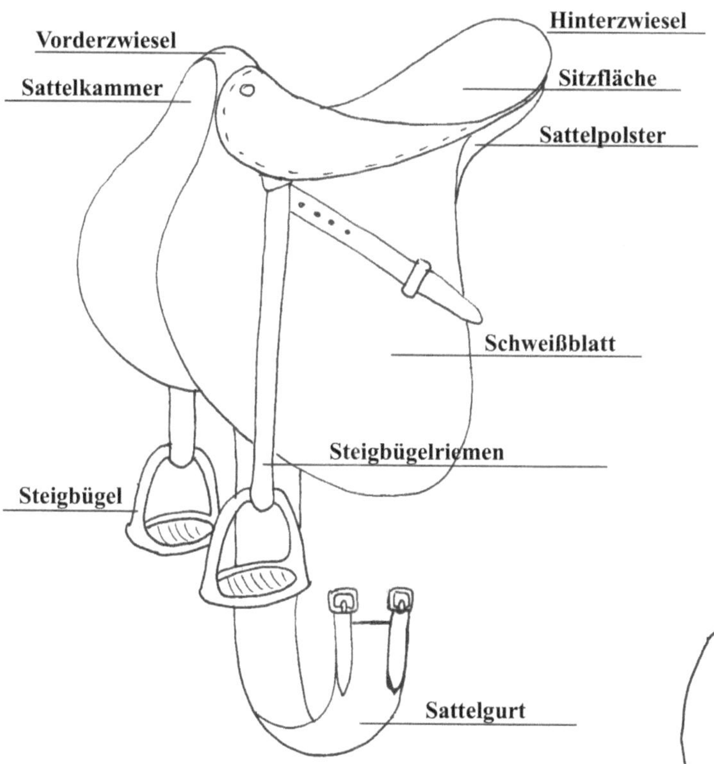

Vorderzwiesel

Hinterzwiesel

Sattelkammer

Sitzfläche

Sattelpolster

Schweißblatt

Steigbügelriemen

Steigbügel

Sattelgurt

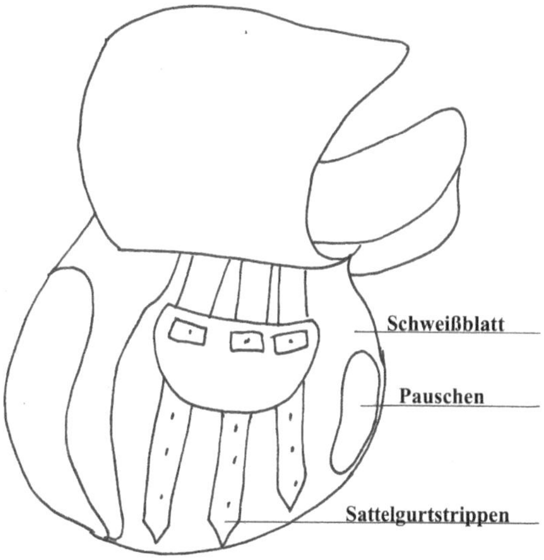

Schweißblatt

Pauschen

Sattelgurtstrippen

Versuche die Einzelteile des Sattels zu beschriften!

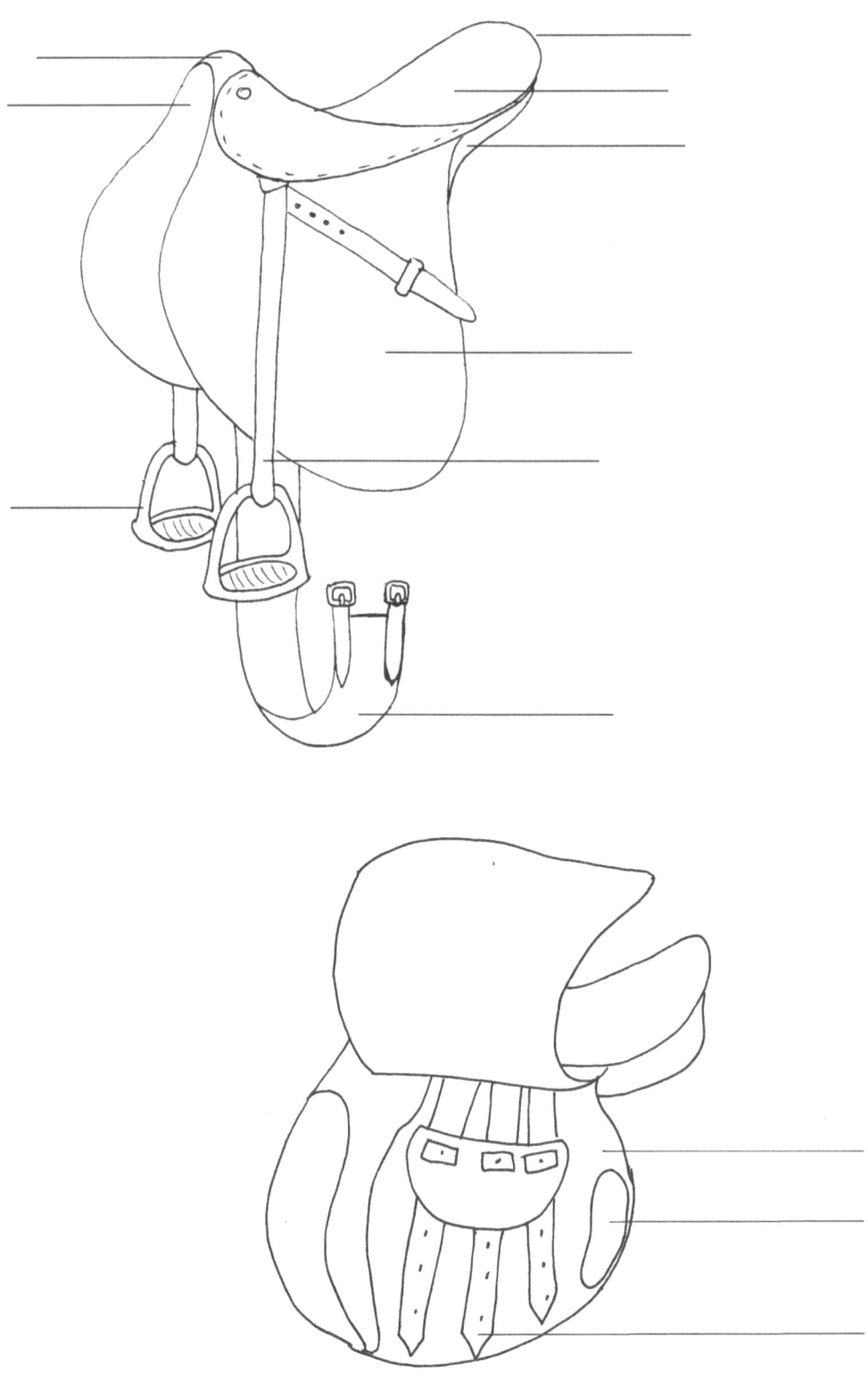

Welches sind die gängigsten Reithalfter?	☐ Das Hannoversche, das Englische und das kombinierte Reithalfter.
Was gibt es noch?	☐ Die Westerntrense und das Mexikanische Reithalfter.
Bei manchen Reithalftern sind die Zügel unterschiedlich lang. Auf welcher Seite wird der längere Zügel befestigt?	☐ Auf der linken Seite, da der linke Zügel einen längeren Bogen macht, wenn das Zügelende beim Reiten korrekt auf die rechte Seite genommen wird.

Um welches Reithalfter handelt es sich in der Abbildung?

_____

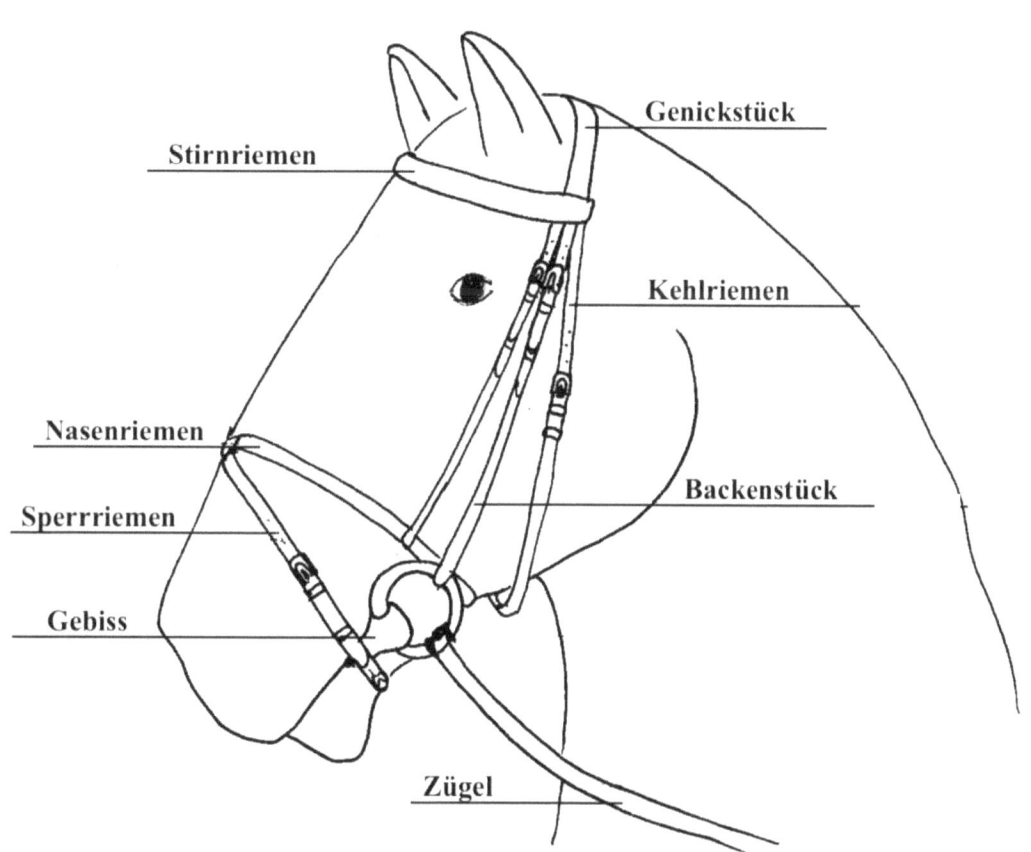

Versuche das Reithalfter zu beschriften!

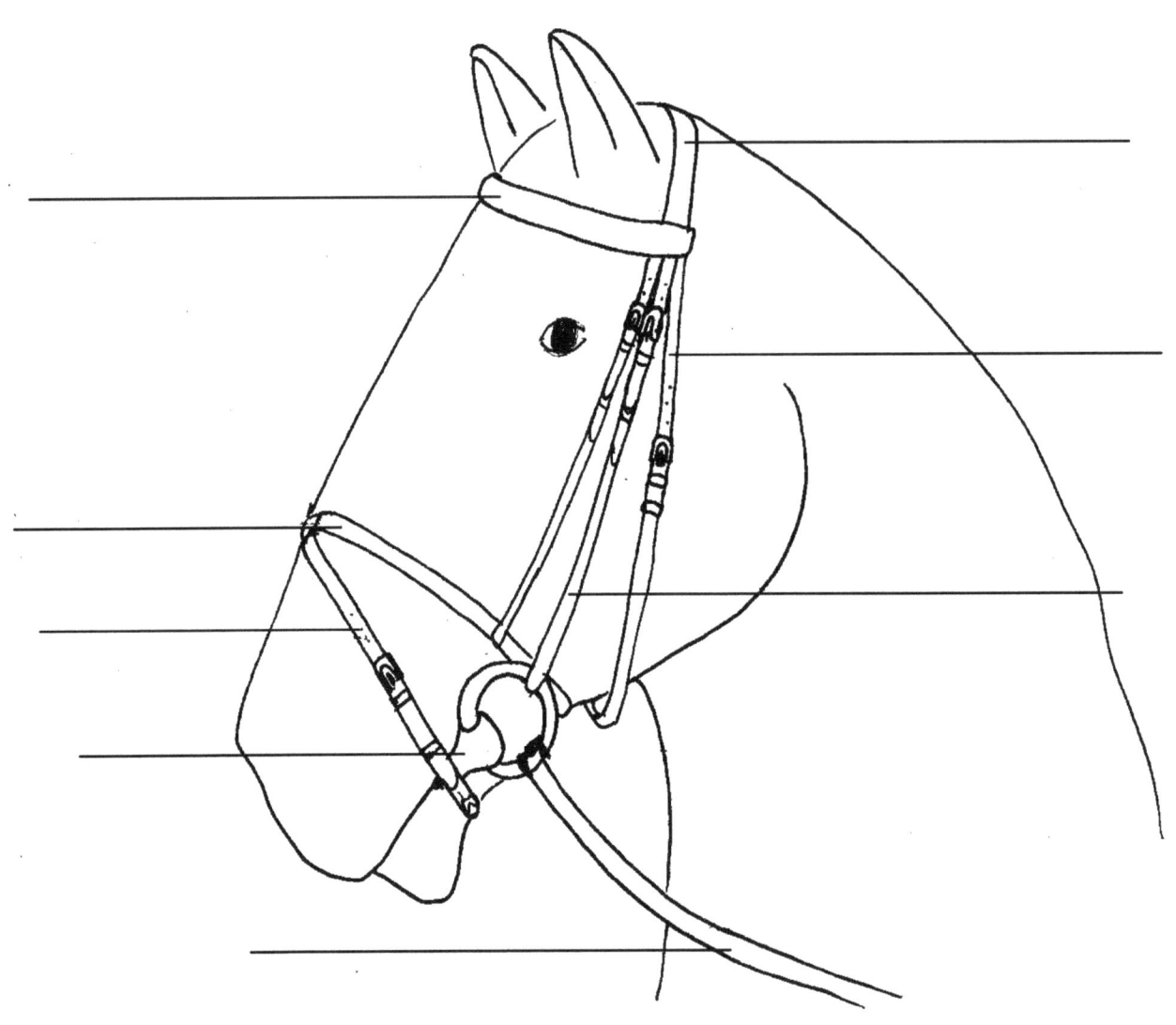

🐴	Was beachtet man, bevor man ein Reithalfter anlegt?	☐	Man ordnet das Reithalfter, stellt sich auf die linke Seite des Pferdes und schiebt das Stallhalfter über den Hals oder nimmt es ab. Danach legt man die Zügel über den Hals.
🐴	Wie legt man ein Reithalfter an?	☐	Man nimmt das Reithalfter in die rechte Hand und legt diese auf den Nasenrücken des Pferdes. Die linke Hand schiebt dann das Gebiss ins Maul. Dann zieht man das Genickstück über die Ohren.
🐴	Wie verschließt man das Reithalfter korrekt?	☐	Man ordnet alle Teile und zieht den Schopf heraus. Dann wird das Reithalfter verschnallt: Zuerst den Nasenriemen - es müssen zwei flache Finger auf dem Nasenrücken Platz haben. Dann den Sperrriemen - genau wie der Nasenriemen, aber an der Seite gemessen. Zum Schluss kommt der Kehlriemen - da muss eine aufgestellte Faust Platz haben. Man beachtet, dass Stirn- und Nasenriemen gerade liegen und die Ohren sich frei bewegen können.

Kapitel 8: Gebissarten

Wie sieht das einfach gebrochene Gebiss aus?	☐ Das einfach gebrochenes Gebiss, welches man auch Wassertrense nennt, hat zwei gleich lange Gebissteile, die über ein bewegliches Gelenk miteinander verbunden sind. Außen hat es zwei freilaufende Ringe.
Wie sieht das doppelt gebrochene Gebiss aus?	☐ Das doppelt gebrochenes Gebiss hat drei Gebissteile, die beweglich miteinander verbunden sind. Das mittlere Teil ist kürzer als die beiden äußeren Teile. Außen hat es zwei freilaufende Ringe.
Wie sieht das Olivenkopfgebiss aus?	☐ Bei dem Olivenkopfgebiss laufen die Enden in breite, olivenförmige Enden aus, die unbewegliche sind. Das schont die Maulwinkel des Pferdes und das Gebiss kann nicht so leicht durch das Maul gezogen werden.
Wie sieht das Schenkel- oder Knebelgebiss aus und wie wirkt es?	☐ Dieses Gebiss wirkt ähnlich wie ein Olivenkopfgebiss, da es auch kaum durch das Maul gezogen werden kann. Es schont aber nicht so gut die Maulwinkel. Auch hier gibt es die Variante mit freilaufendem Ring.
Wie sieht das D-Ringgebiss aus und wie wirkt es?	☐ Bei dem D-Ring-Gebiss ist der Ring zum Maul hin wie der Buschstabe D abgeflacht. Auch hier ist ein Durchziehen des Gebisses durch das Maul kaum möglich. Für dieses Gebiss braucht der Reiter eine ruhige Hand.
Wie findet man die richtige Gebissgröße?	☐ Bei freilaufenden Trensenringen gibt man auf jeder Seite noch 1 cm dazu, da sie sonst seitlich die Haut des Pferdemauls einklemmen. Gebisse mit festem Ring werden genau passend ausgemessen. Die Gebissstärke wird an den Enden des Gebisses gemessen. Bei Großpferden müssen sie mindestens 14 mm dick sein, bei Ponys mindestens 10 mm.

Kapitel 9: Bandagen und Gamaschen

🐴 Wozu benötigt man Bandagen und Gamaschen?	☐ Sie schützen die Pferdebeine vor Prellungen, Stauchungen und Verletzungen.
🐴 Worauf achtet man beim Anlegen einer Bandage?	☐ Man wickelt die Bandage von vorne nach hinten an, beginnend in der Mitte des Röhrbeines. Erst nach unten, dann wieder nach oben. Sie muss faltenfrei gewickelt werden und darf nicht zu locker, aber auch nicht zu eng sitzen. Die Fesselgelenke, als auch die Sprung- bzw. Vorderfußwurzelgelenke müssen frei bleiben.
🐴 Was beachtet man beim Anlegen einer Gamasche?	☐ Gamaschen gibt es aus Kunststoff oder aus Leder. In jedem Fall müssen sie dem Pferd genau angepasst werden. Sie sind leichter und schneller anzulegen als Bandagen.
🐴 Was sind Springglocken?	☐ Springglocken werden an der Fessel befestigt und schützen das Pferd vor Ballen- bzw. Kronentritt.
🐴 Was ist ein Ballentritt?	☐ Beim Ballentritt verletzt sich das Pferd selbst indem es mit dem Hinterhuf so weit vorgreift dass es sich selbst in den Ballen des Vorderhufes tritt.
🐴 Was ist ein Kronentritt?	☐ Beim Kronentritt verletzt sich das Pferd selbst indem es sich mit dem einen Vorder- bzw. Hinterhuf auf die Krone des parallelen Hufes tritt.
🐴 Wie pflegt man Bandagen und Gamaschen?	☐ Ledergamaschen werden mit Lederseife und Lederfett gepflegt. Kunststoffgamaschen werden mit Wasser und Bürste gereinigt. Bandagen können in der Waschmaschine gewaschen werden.

Kapitel 10: Krankheiten, Impfungen und Kuren

🐎 Was sind die P.A.T.-Werte?	☐ Puls, Atmung und Temperatur.
🐎 Wie hoch ist der Puls des Pferdes in Ruhe?	☐ Zwischen 28 und 40 Schlägen in der Minute.
🐎 Wie oft atmet ein Pferd in Ruhe?	☐ Zwischen 8 und 16 Atemzüge in der Minute.
🐎 Wie hoch ist die Temperatur in Ruhe?	☐ Zwischen 37,5 und 38,0 Grad.
🐎 Woran erkennt man, ob das Pferd krank ist?	☐ Es ist schlapp und teilnahmslos, es frisst nicht, stöhnt, schwitzt oder friert.
🐎 Wie erkennt man einen Satteldruck?	☐ Das Pferd ist anfangs druckempfindlich. Dann kommt es zu haarlosen Stellen, die dann auch zu offenen Scheuerstellen werden können.

Wie verhindert man Satteldruck?	☐ Der Sattel muss gut angepasst sein und die Sattellage muss immer vorher gründlich geputzt werden. Ein rechtzeitiges Nachgurten schützt auch.
Was macht man bei stark blutenden Verletzungen?	☐ Man legt einen Druckverband an und ruft zügig den Tierarzt.
Was macht man bei einem Nageltritt?	☐ Da sich bei einer Verletzung des Hufes durch Eintreten spitzer Gegenstände der Huf leicht entzünden kann, sollte immer der Tierarzt zugezogen werden. Tetanusschutz überprüfen!
Wie behandelt man Verletzungen um das Auge?	☐ Um das Auge darf man kein Desinfektionsmittel benutzen. Stattdessen nimmt man abgekochtes Wasser und einen sterilen Tupfer.
Wie versorgt man einen Bluterguss?	☐ Blutergüsse werden so lange gekühlt, bis sie abgeklungen sind. Dann kann das Pferd wieder langsam bewegt werden. An den Beinen kann man Kühlkompressen anwickeln, am Körper kann man spezielle Kühlgels aufbringen.
Was ist ein Einschuss?	☐ Ein Einschuss ist eine rasch anschwellende Stelle an einem der Beine, die durch eine kleine Verletzung hervorgerufen wird. Man desinfiziert und kühlt die Stelle und zieht im Zweifelsfall den Tierarzt hinzu.
Was ist Mauke und wie kann man sie behandeln?	☐ Mauke ist eine Entzündung der Fesselbeuge. Sie entsteht, wenn das Pferd zu lange in Nässe und Schmutz steht. Man rasiert den Behang ab, reinigt mit milder Seife, desinfiziert und behandelt mit Jodsalbe. Das Pferd muss trocken aufgestallt werden. Eventuell auch dem Tierarzt vorstellen.
Was ist Strahlfäule und wie behandelt man sie?	☐ Strahlfäule ist eine Entzündung des Hufstrahls. Sie entsteht ebenfalls, wenn das Pferd zu lange in Nässe und Schmutz steht. Man entfernt so viel entzündetes Horn wie möglich, desinfiziert und behandelt z. B. mit Jodoformäther. Das Pferd muss trocken aufgestallt werden.

🐴 Was macht man bei Husten?	☐ Zuerst misst man Fieber. Sollte das Pferd erhöhte Temperatur haben, eindecken und den Tierarzt rufen. Hat es kein Fieber, kann man es schonend an der frischen Luft bewegen.
🐴 Wie erkennt man eine Kolik und wie behandelt man sie?	☐ Bei einer Kolik kann das Pferd nicht mehr misten und hat schlimme Bauchschmerzen. Es stellt die Hinterbeine weit ab, guckt sich oft zum Bauch um, schwitzt und ist allgemein unruhig. Es legt sich oft hin und wälzt sich. Bei Verdacht auf Kolik Pferd eindecken, Tierarzt rufen und das Pferd solange im Schritt führen, bis der Tierarzt eintrifft.
🐴 Was ist ein Kreuzverschlag, und was tut man dagegen?	☐ Ein Kreuzverschlag ist eine Kohlenhydratvergiftung (zu viel Kraftfutter, zu wenig Bewegung, Überanstrengung). Das Pferd ist auf beiden Hinterbeinen lahm und der Rückenmuskel ist verhärtet. Der Urin kann colafarben sein. Es besteht Lebensgefahr wegen Nierenversagen. Sofort den Tierarzt rufen!
🐴 Was macht man bei starkem Nasenausfluss?	☐ Hat das Pferd starken Nasenausfluss, der weiß, grün oder rot sein kann, muss man unbedingt den Tierarzt rufen. Es kann eine Erkrankung der Lunge vorliegen.
🐴 Wie wichtig ist eine Stallapotheke?	☐ Eine Stallapotheke ist unerlässlich. Inhalt: Wichtige Telefonnummern, Fieberthermometer, Einmalhandschuhe, Desinfektionsmittel, Verbandszeug, Kühlelemente, Zeckenzange, Wundsalbe, Kompressen, Angussmaterial, etc.

🐴 Was kann man gegen Wurmerkrankungen tun?	☐ Zwei bis viermal im Jahr muss das Pferd eine Wurmkur bekommen. Diese Wurmkur wechselt man immer wieder, damit es zu keiner Resistenz kommt. Es empfiehlt sich, alle Pferde eines Stalles gemeinsam zu entwurmen.
🐴 Wie erkennt man eine Pilzerkrankung und was macht man dagegen?	☐ Pilzerkrankungen erkennt man an erbsengroßen Erhebungen im Deckhaar. Später fallen die Haare auch aus. Pilz ist sehr ansteckend. Alle Decken mit Obstessig waschen. Auch das Sattel- und Putzzeug muss damit desinfiziert werden. Zur Behandlung sollte man den Tierarzt dazuholen.
🐴 Wogegen soll das Pferd geimpft werden?	☐ Influenza, Tetanus, Borreliose, Tollwut, West-Nil-Fieber sind einige der bekanntesten Impfungen. Was sinnvoll ist, wird mit dem Tierarzt beraten.
🐴 Was steht im Equidenpass, und wer braucht ihn?	☐ Der Equidenpass ist Pflicht. Er wird vom Tierarzt ausgestellt. Darin sind folgende Daten vermerkt: • Name des Pferdes • Stammbaum • Abzeichen und Farben • Chipnummer • Impfungen • Entsorgung (Hier ist vermerkt, ob das Pferd, wenn es stirbt, in die Nahrungskette kommt oder nicht).
🐴 Was macht man, wenn das Pferd Giftpflanzen gefressen hat?	☐ Man ruft sofort den Tierarzt. Wenn möglich zeigt man ihm die Pflanze, die das Pferd gefressen hat.
🐴 Lerne die abgebildeten Giftpflanzen!	☐ Siehe Rückseite des Heftes.

Kapitel 11: Fütterungstechniken und Futtermittel

🐴 Warum sollte man das Pferd direkt nach dem Füttern nicht beanspruchen?	☐ Pferde brauchen, bedingt durch ihren kleinen Magen, viel Zeit zum Verdauen. Belastet man das Pferd zu schnell, kann es zu Koliken kommen.
🐴 Wie lange sollte man nach dem Füttern warten?	☐ Mindestens eine Stunde.
🐴 Wie oft wird ein Pferd gefüttert?	☐ Aufgrund des kleinen Magens füttert man mehrere kleine Mahlzeiten über den Tag verteilt, aber mindestens dreimal täglich.
🐴 Wann wird das Pferd gefüttert?	☐ Man füttert morgens, mittags und abends, wobei man abends die größte Portion gibt, da das Pferd nun viel Zeit zum Verdauen hat. Man füttert immer zur gleichen Zeit und sorgt für Ruhe beim Fressen.
🐴 Wie teilt man die Futtermittel ein?	☐ In Kraftfutter, Saftfutter und Raufutter.
🐴 Was gehört alles zum Kraftfutter?	☐ Hafer, Mais, Gerste, Müsli und Pellets.
🐴 Was sind Pellets?	☐ Hier wird das Futter speziell aufbereitet, entstaubt und dann gepresst.
🐴 Was gehört alles zum Raufutter?	☐ Heu und Stroh, Heulage, Heusilage und Maissilage.
🐴 Wie sieht gutes Heu aus?	☐ Es soll von grüner Farbe, langhalmig und staubfrei sein.
🐴 Was ist Heusilage, Heulage und Maissilage?	☐ Alle Grünfutterarten können zu Silage verarbeitet werden. Dazu wird das Grünfutter in Folie gewickelt und vergoren. Heulage hat weniger Eiweiß als Heusilage. Es gibt auch Maissilage aus Mais.
🐴 Warum ist Heu und Stroh so wichtig für das Pferd?	☐ Die grobe Struktur ist wichtig für die Verdauung, für das Sättigungsgefühl und zur Beschäftigung der Pferde.
🐴 Was gehört alles zum Saftfutter?	☐ Alles, was richtig saftig ist: Äpfel, Möhren, Rüben und vor allem Gras.
🐴 Warum ist das Saftfutter so wichtig?	☐ Darin sind Vitamine, die das Pferd braucht. Außerdem ist es eine schöne Abwechslung im Speiseplan. Vitamine und Mineralien kann man auch in Form von Pulver oder Pellets kaufen.

🐴 Wie viel Saftfutter darf man füttern?	☐ Täglich nur ein bis zwei Hände voll, da das Pferd sonst Durchfall bekommen kann.
🐴 Was beachtet man zu Beginn der Weidezeit?	☐ Das Pferd darf nur ein bis zwei Stunden auf die Weide, damit es sich langsam an das Gras gewöhnt, welches viel Kohlenhydrate enthält. Zu viele Kohlenhydrate führen zu Huferkrankungen, Durchfall oder auch Kolik.
🐴 Wie wird das Futter bemessen, für Pferde die nicht bewegt werden dürfen?	☐ Das Kraftfutter wird reduziert, dafür gibt es mehr Saft- und Raufutter.
🐴 Welches Zusatzfutter benötigt das Pferd noch?	☐ Wichtig ist auch ein Mineral-, bzw. Salzleckstein. Damit decken die Pferde ihren Mineralhaushalt ab.
🐴 Wie oft tränkt man ein Pferd?	☐ Mindestens dreimal täglich bei einem Wasserbedarf von 30 bis 40 Litern.
🐴 Was beachtet man bei der Selbsttränke?	☐ Diese muss natürlich funktionieren und sollte auch immer sauber sein. Dies sollte täglich kontrolliert werden.
🐴 Wie sollte die Wasserqualität sein?	☐ Das Wasser muss sauber, frisch und geruchsfrei sein. Im Winter kann man das Wasser etwas anwärmen.
🐴 Wie tränkt man ein verschwitztes Pferd?	☐ Man wartet, bis das Pferd abgeschwitzt ist. Sollte die Zeit dafür nicht gegeben sein, legt man Stroh auf das Wasser und/oder lässt das Gebiss im Maul. Dann kann das Pferd nicht so schnell trinken.
🐴 Wie hoch ist der Futterbedarf?	☐ Der Futterbedarf hängt von vielen Faktoren ab. Großpferd oder Pony, Freizeit- oder Turnierpferd, Jahreszeit, Alter und Rasse des Pferdes, und wie gut ein Pferd das Futter verwerten kann. Eine Faustregel: 2 % des Körpergewichts sollten täglich gefüttert werden. Wichtig ist, herauszufinden, wie viel und welches Futter das Pferd benötigt und gut verträgt. Dies geht nur über längeres Beobachten.

Präge Dir die einzelnen Kraftfuttersorten gut ein!

Kapitel 12: Anatomie

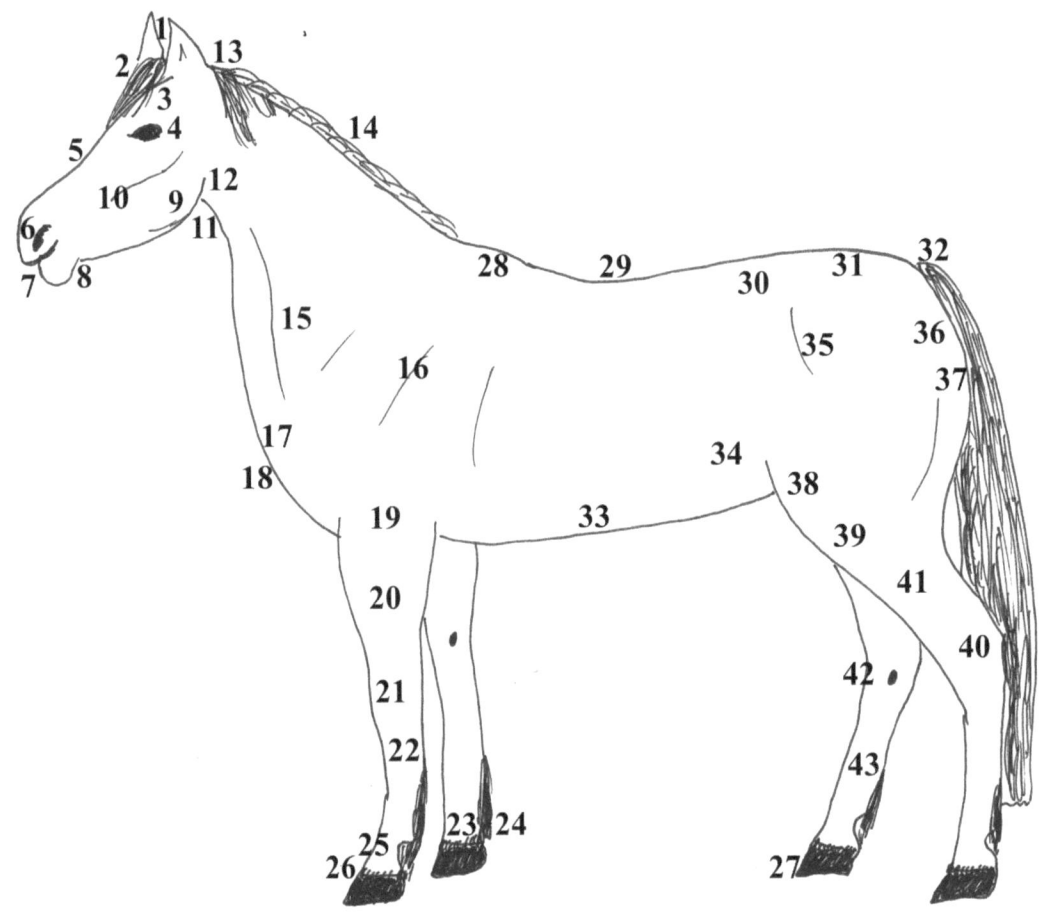 Wie teilt man das Pferd anatomisch auf?	☐ Vorderhand, Mittelhand und Hinterhand.

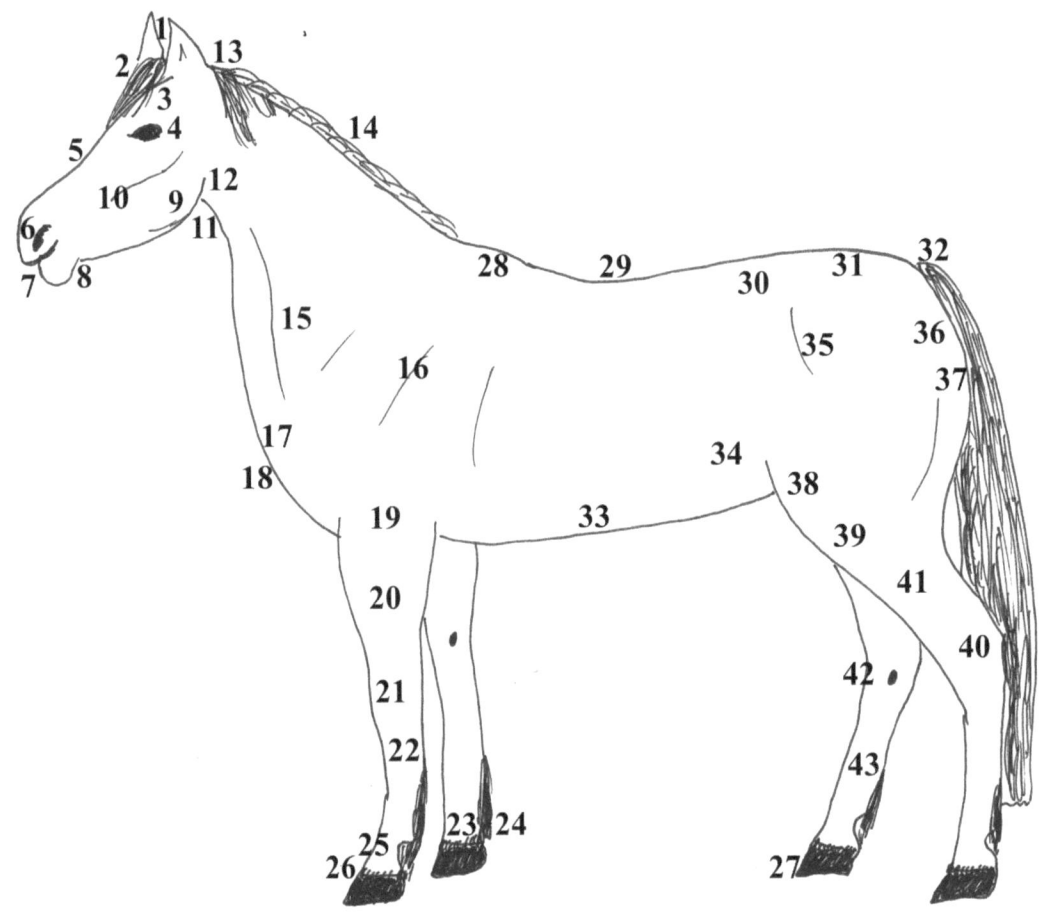

1 Ohr	15 Drosselrinne	29 Rücken
2 Stirn	16 Schulter	30 Lende
3 Schopf	17 Buggelenk	31 Kruppe
4 Auge	18 Brust	32 Schweifwurzel
5 Nasenrücken	19 Ellbogengelenk	33 Bauch
6 Nüstern	20 Oberarm	34 Flanke
7 Maul	21 Vorderfußwurzelgelenk	35 Hüftgelenk
8 Kinn	22 Vorderröhre	36 Sitzbeinhöcker
9 Backe	23 Fesselgelenk	37 Hinterbacke
10 Jochbein	24 Kötenzopf	38 Kniegelenk
11 Kehle	25 Fessel	39 Oberschenkel
12 Ganasche	26 Hufkrone	40 Sprunggelenk
13 Genick	27 Huf	41 Unterschenkel
14 Mähnenkamm	28 Widerrist	42 Kastanie
		43 Hinterröhre

Präge Dir die Anatomie des Pferdes gut ein.
Zeichne die Vorderhand, Mittelhand und Hinterhand ein!

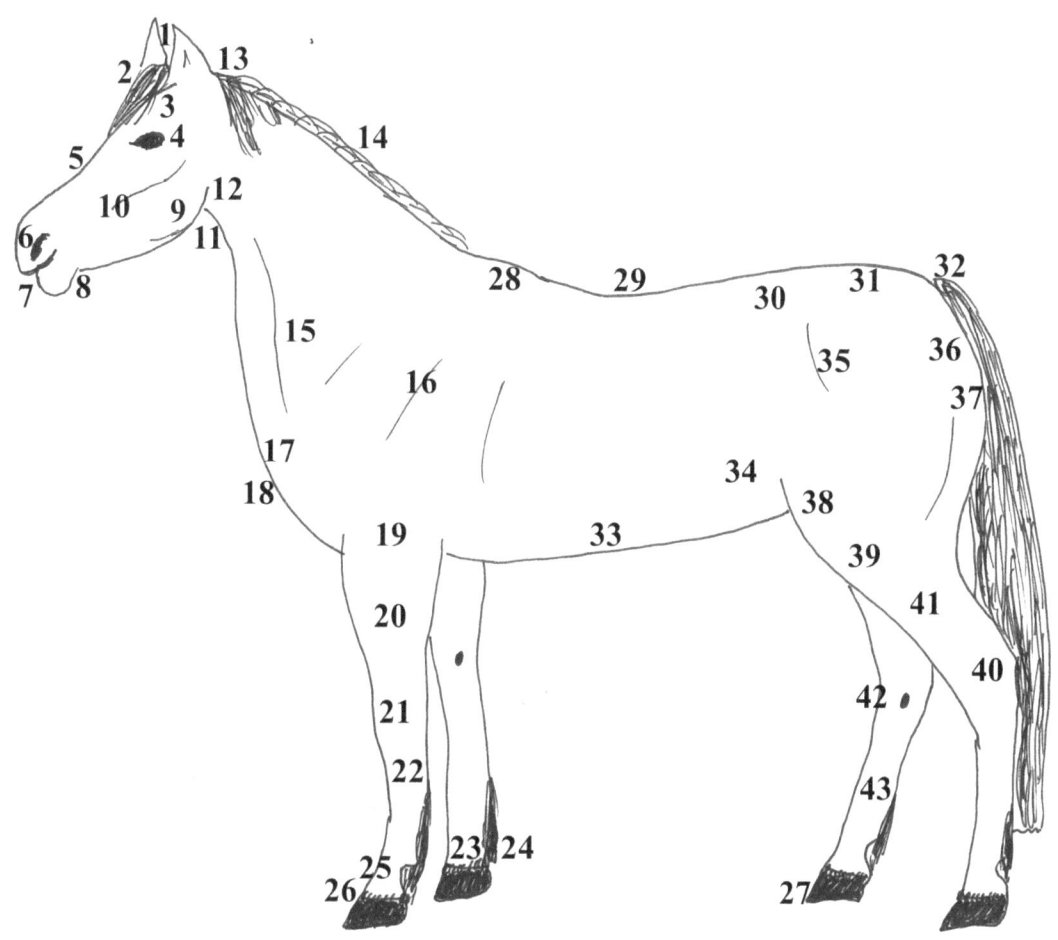

1	15	29
2	16	30
3	17	31
4	18	32
5	19	33
6	20	34
7	21	35
8	22	36
9	23	37
10	24	38
11	25	39
12	26	40
13	27	41
14	28	42
		43

Kapitel 13: Skelett und innere Organe

Präge Dir das Skelett des Pferdes gut ein!

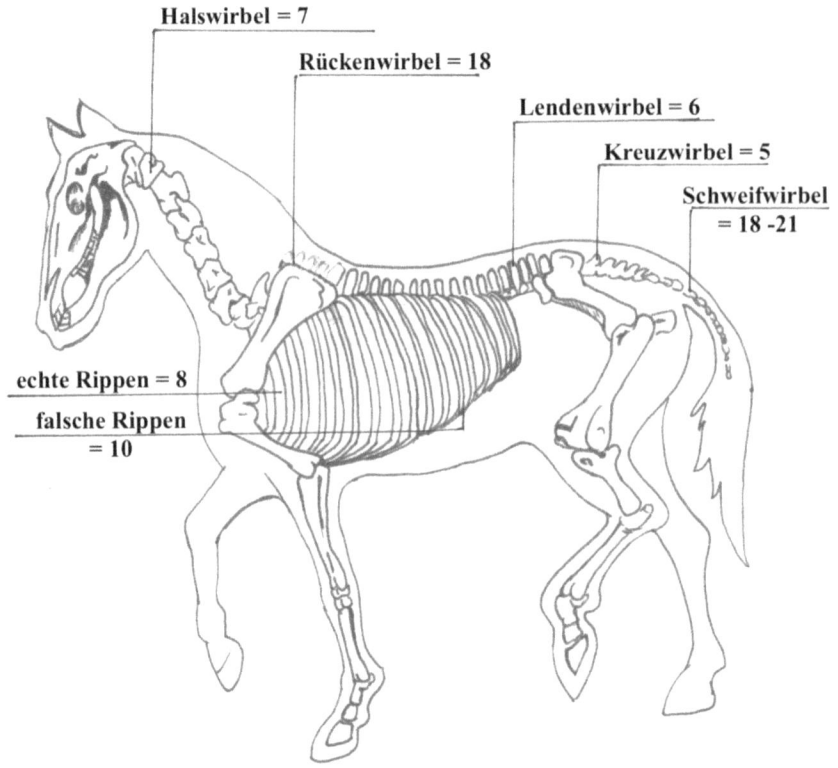

Versuche das Skelett zu beschriften!

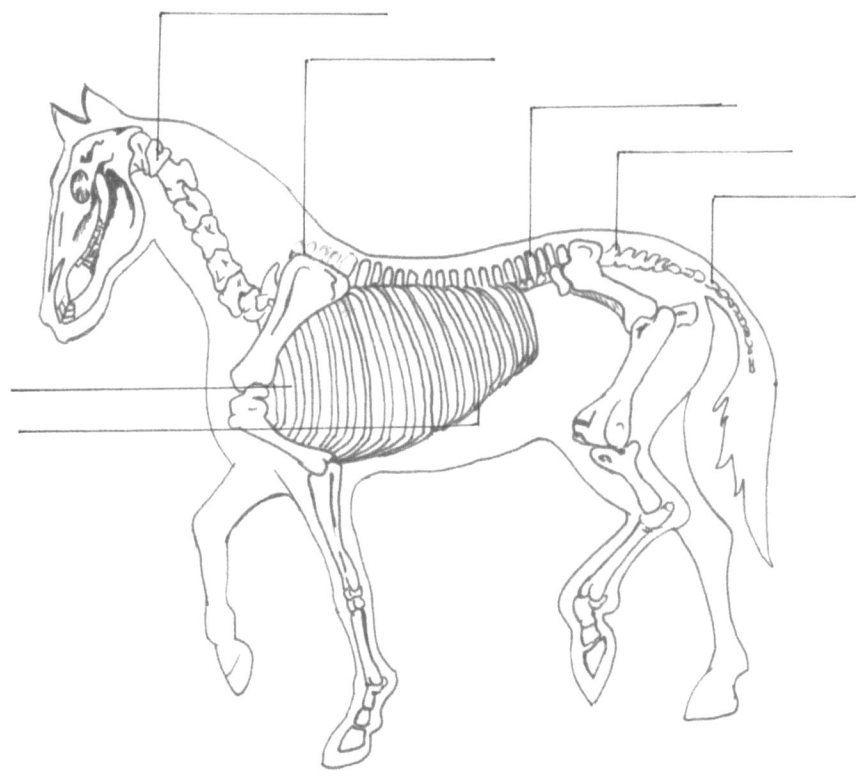

Präge Dir die inneren Organe des Pferdes gut ein!

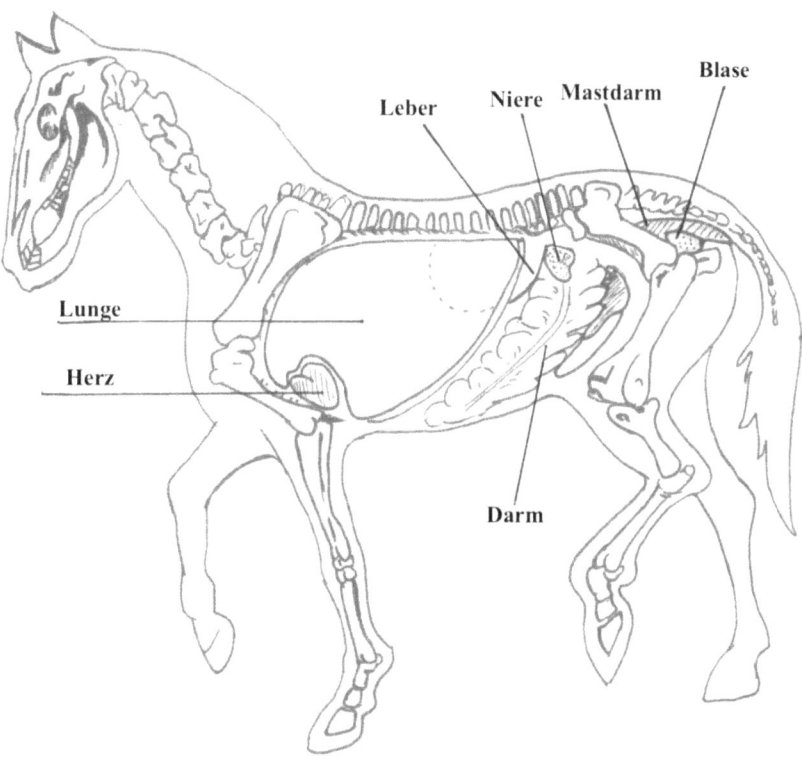

Versuche die inneren Organe zu beschriften!

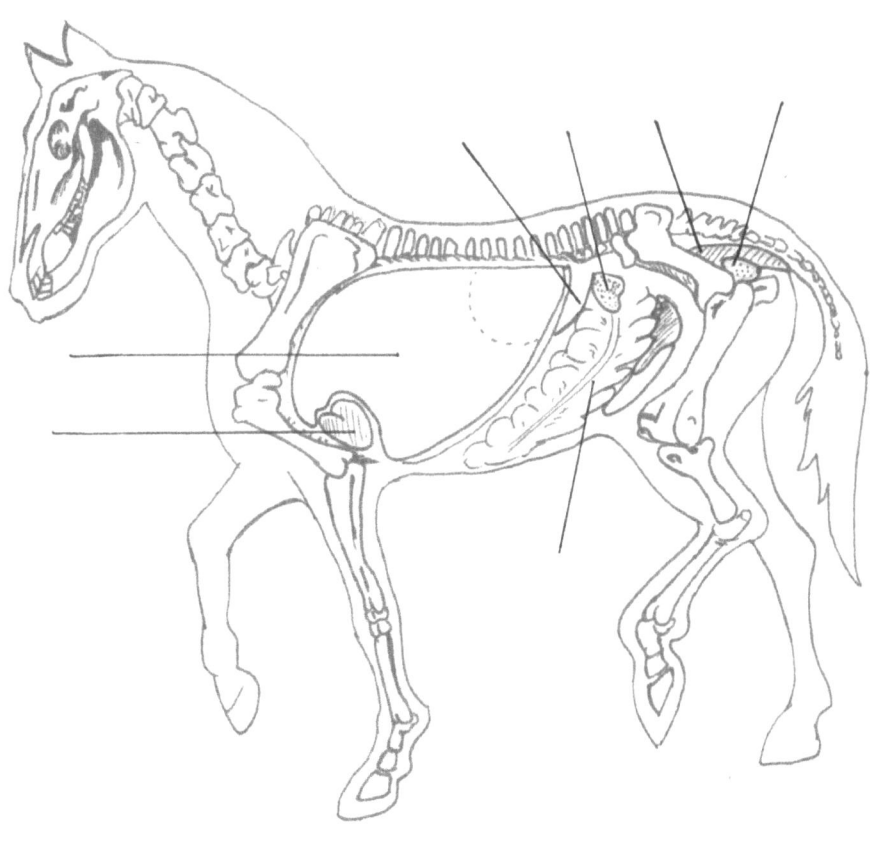

Kapitel 14 : Bodenarbeit

🐴 Was versteht man unter Bodenarbeit?	☐ Bodenarbeit sind Übungen mit dem Pferd, die man zu Fuß ausführt.
🐴 Was ist das Ziel der Bodenarbeit?	☐ Das Pferd soll sich willig in Richtung, Gangart und Tempo kontrollieren lassen. Führender und Pferd müssen sich dabei gut verständigen können. Der Führende sieht nach vorne und hält sich gerade.
🐴 Welche Ausrüstung benötigt der Führende?	☐ Festes Schuhwerk, Handschuhe und bei Bedarf eine Gerte.
🐴 Wie ist das Pferd ausgerüstet?	☐ Das Pferd benötigt ein gut sitzendes Stallhalter und einen Führstrick mit Karabinerhaken. Es kann auch mit Reithalfter oder Knotenhalfter geführt werden.
🐴 Wie lauten die Hilfen der Bodenarbeit?	☐ Die wichtigsten Hilfen sind die Stimmhilfe, Führposition und Körperhaltung. Die Kommandos lauten: „Scheritt, Terab und Haaalt".
🐴 Wie setzt man die Gerte ein?	☐ Die Gerte wird dort eingesetzt, wo üblicherweise der Schenkel liegt. Dazu benötigt man eine etwas längere Gerte.
🐴 Einige Übungen zur Bodenarbeit:	☐ Folgende Übungen sind möglich: • Führen von Punkt zu Punkt im Schritt und Trab • Wenden des Pferdes • Rückwärtsrichten • Führen über Stangen • Führen durch einen Parcours • Führen von Hufschlagfiguren • Tempo innerhalb der Gangarten verändern

🐴 Von welcher Seite wird geführt?	☐ Man sollte sich angewöhnen, das Pferd von beiden Seiten zu führen.
🐴 Wie führt man das Pferd mit Reithalfter?	☐ Die Zügel werden vom Hals genommen. Die linke bzw. rechte Hand teilt den Zügel mit Zeige- und Mittelfinger auf, die Zügelenden werden gefaltet und vom Daumen gehalten. Alternativ kann auch mit beiden Händen geführt werden.
🐴 Wie verhält sich der Führende?	☐ Der Führende schreitet aufrecht und zügig mit dem Pferd. Seine Körperhaltung strahlt Dominanz aus, was das Pferd dann willig folgen lässt.
🐴 Wie wird ein Knotenhalfter angelegt und wie wirkt es?	☐ Das Knotenhalfter ist ein Halfter, das aus einem dünnen Seil besteht. An bestimmten Stellen sind Knoten eingebunden, die auf neuralgische Punkte am Pferdekopf wirken. Dieses Halfter muss fachgerecht angelegt werden und darf nie zum Anbinden des Pferdes benutzt werden.

Übe, das Knotenhalfter korrekt anzulegen!

Präge Dir die neuralgischen Punkte des Pferdekopfs gut ein!

Kapitel 15: Hufschlagfiguren

Was sind Hufschlagfiguren?	☐ Hufschlagfiguren sind Dressurübungen, die man möglichst korrekt ausführt und dabei auch die richtigen Hilfen einsetzt.
Wozu benötigt man die Buchstaben und Punkte an den Seiten des Dressurvierecks?	☐ Sie dienen zur Orientierung.
Wie heißen die Buchstaben in der richtigen Reihenfolge?	☐ C M B F A K E H
Wo befinden sich die Mittellinie und die Viertellinien?	☐ Die Mittellinie halbiert das Dressurviereck der Länge nach, also zwischen C und A. Die Viertellinien verlaufen zwischen den Ecken des Vierecks und den Punkten C und A.
Wo befindet sich X?	☐ X befindet sich genau in der Mitte des Platzes.
Wie groß ist der Bogen bei einer einfachen Schlangenlinie?	☐ An seinem höchsten Punkt wird der Bogen 5 Meter zur Mitte der Bahn geführt.
Wie groß sind die Bögen bei einer doppelten Schlangenlinie?	☐ An ihren höchsten Punkten werden die Bögen 2,5 Meter zur Mitte der Bahn geführt.
Wie groß sind die verschiedenen Volten?	☐ Volten gibt es mit einem Durchmesser von 8 und 10 Metern.
Welche Klassen gibt es beim Reiten?	☐ Es gibt folgende Klassen: • Klasse E (Einsteiger) • Klasse A (Anfänger) • Klasse L (Leicht) • Klasse M (Mittelschwer) • Klasse S (Schwer)
Folgende Hufschlagfiguren solltest Du Dir gut einprägen:	☐ • Ganze Bahn • durch die ganze Bahn wechseln • durch die halbe Bahn wechseln • Zirkel • aus dem Zirkel wechseln • einfache und doppelte Schlangenlinie

Kapitel 16: Gangarten

🐴 Was sind die Grundgangarten des Pferdes?	☐ Schritt, Trab und Galopp.
🐴 Wie ist der Takt im Schritt?	☐ Im Schritt hört man einen Viertakt.
🐴 Wie ist die Fußabfolge im Schritt?	☐ Alle vier Pferdebeine bewegen sich einzeln nach vorne. Zum Beispiel: Vorne links, hinten rechts, vorne rechts, hinten links.

🐴 Wie ist der Takt im Trab?	☐ Im Trab hört man einen Zweitakt.
🐴 Wie ist die Fußfolge im Trab?	☐ Im Trab bewegen sich die diagonalen Beinpaare im Wechsel nach vorne. Zum Beispiel: Vorne links und hinten rechts gleichzeitig, danach vorne rechts und hinten links gleichzeitig.

🐴 Wie ist der Takt im Galopp?	☐ Im Galopp hört man einen Dreitakt.
🐴 Wie ist die Fußabfolge im Galopp?	☐ Je nachdem, ob das Pferd im Rechts- oder Linksgalopp läuft, bewegen sich die Beine wie folgt: Linksgalopp: rechter Hinterfuß, dann linker Hinterfuß zusammen mit rechtem Vorderfuß, dann linker Vorderfuß. Schwebephase. Umgekehrt gilt dies dann für den Rechtsgalopp.

Kapitel 17: Verhaltensgerechter Umgang

🐴 Was benötigt ein Pferd um gesund und zufrieden zu sein?	☐ Es benötigt: • soziale Kontakte • Pflege • Futter • Bewegung • Freiräume • Stallungen
🐴 Was bedeutet sozialer Kontakt?	☐ Pferde sind Herdentiere und brauchen den Kontakt zu anderen Pferden. Es können sonst Verhaltensstörungen oder Probleme im Umgang auftreten.
🐴 Wie wichtig ist die Pflege?	☐ Im Zuge der Pflege wird das Vertrauen zwischen Mensch und Pferd aufgebaut. Das Pferd lernt, vertrauensvoll Fell- und Hufpflege zuzulassen.
🐴 Was muss man bei der Fütterung beachten?	☐ Freilebende Pferde verbringen zwei Drittel ihrer Zeit mit Futtersuche. Deshalb ist es wichtig, das Pferd mehrfach täglich zu füttern, oder ihm eine ausreichende Weide zu stellen. Füttern von Leckerbissen führt oft zu unerwünschten Betteleien und sorgt für Unruhe im Stall. Die Zusammensetzung und Menge des Futters muss auf die Leistung, das Alter und die Verwertung des einzelnen Tieres zugeschnitten sein. Überfütterung und Mangelernährung müssen vermieden werden.
🐴 Wie wichtig ist Bewegung?	☐ Mangelnde Bewegung führt zu Schäden im Bewegungs- und Atemapparat. Auch der Hufmechanismus und der Stoffwechsel leiden unter zu wenig Bewegung.
🐴 Was sind Freiräume und warum brauchen Pferde diese?	☐ Weideflächen entsprechen am ehesten den natürlichen Lebensraum eines Pferdes. Diese müssen ordnungsgemäß eingezäunt sein, einen Witterungsschutz und eine Tränke bieten.
🐴 Wie sehen gute Stallungen aus?	☐ Bei Einzelaufstallung muss der Sicht-, Hör- und Geruchskontakt gewährleistet sein. Frischluft ist oberstes Gebot. Die Temperatur im Stall sollte der Außentemperatur gleichen.

Kapitel 18: Charakterbeurteilung und Verhaltensabweichung

🐎 Wonach wird ein Pferd beurteilt?	☐ Man spricht beim Pferd von einem Exterieur und Interieur.
🐎 Was ist das Exterieur eines Pferdes?	☐ Als Exterieur wird das äußere Erscheinungsbild und der Körperbau eines Pferdes bezeichnet. Das Exterieur bestimmt maßgeblich über die Verwendbarkeit des einzelnen Pferdes. Dabei werden Kopf, Ganasche, Hals, Widerrist, Rücken und Kruppe, als auch Beine und Hufe beurteilt.
🐎 Was ist das Interieur eines Pferdes?	☐ Als Interieur bezeichnet man die psychischen Eigenschaften und die Verhaltensweise der Pferde. Positive Eigenschaften sind z.B. Ausgeglichenheit, Gutmütigkeit, Nervenstärke, Intelligenz und gutes Sozialverhalten. Negative Eigenschaften sind z.B. Angst, Nervosität oder Charakterfehler wie Beißen, Schlagen und Verweigerung.
🐎 Wie wichtig ist das Zusammenspiel von Pferd und Mensch?	☐ Beim Umgang mit dem Pferd ist eine gute Kommunikation zwischen Mensch und Pferd unumgänglich. Sie ist sowohl für das innere Wohlbefinden als auch für die körperliche Unversehrtheit von großer Bedeutung. Basis für die Kommunikation ist dabei die Kooperationsbereitschaft beider Seiten.
🐎 Was kann man bei Verhaltensabweichungen tun?	☐ Erster Schritt wäre eine Abklärung der Gesundheit des Pferdes durch einen Veterinär. Zweiter Schritt ist die Überprüfung der Ausrüstung wie Sattel, Reithalfter, Hilfszügel und Gebiss.
🐎 Was können weitere Gründe für Verhaltensabwichungen sein?	☐ Über- oder Unterforderung, Einzelhaltung und/oder Bewegungsmangel, als auch fehlerhafte Fütterung.

Merke:

Das Pferd ist von Natur aus ein freundliches Tier,
es hängt vom Menschen ab was er daraus macht.

Kapitel 19: Tierschutzgesetz

🐎 Wo stehen die Gesetze, die die Pferde und auch alle anderen Tiere schützen?	☐ Sie stehen im Tierschutzgesetz.
🐎 Was steht in Paragraph 1 dieses Gesetzes?	☐ Niemand darf einem Tier ohne vernünftigen Grund Schmerzen, Leid oder Schaden zufügen.
🐎 Wann erleidet ein Pferd ohne vernünftigen Grund Schmerzen?	☐ Wenn man das Pferd z.B. schlägt, es mit schlecht angepasstem Sattel oder Trense oder mit scharfen Gebissen oder Sporen reitet.
🐎 Wann muss ein Pferd ohne vernünftigen Grund leiden?	☐ Wenn man das Pferd z.B. ohne Wasser und Sonnenschutz auf die Weide stellt, oder bei Krankheit den Tierarzt nicht ruft.
🐎 Wann erleidet ein Pferd ohne vernünftigen Grund einen Schaden?	☐ Wenn das Pferd z.B. zu hohe Hindernisse springen muss und sich dabei verletzt. Auch das Kupieren des Schweifs, das Ausscheren der Ohren und Entfernen der Tasthaare sind Schäden. Dies ist in Deutschland mittlerweile verboten.
🐎 Was bedeutet artgerechte Haltung?	☐ Es bedeutet: • Großer, heller, luftiger Stall • Kontakt zu anderen Artgenossen • Gründliche Pflege • Angemessene Fütterung • Ausreichende Bewegung
🐎 Darf der Reiter dünne Gebisse und /oder scharfe Sporen benutzen?	☐ Ja, aber nur wenn sie sachgemäß eingesetzt werden. Das Gebiss muss bei Pferden mindestens 14, bei Ponys 10 mm dick sein. Gemessen wird außen am Maulwinkel.
🐎 Wann verstößt ein Reiter gegen den Tierschutz, wenn er Hilfszügel benutzt?	☐ Wenn der Reiter mit den Hilfszügeln den Hals des Pferdes gewaltsam krumm zieht.
🐎 Hat das Pferd auch einen Tag in der Woche frei?	☐ Nein – das Pferd benötigt freie Bewegung. Ist diese gewährleistet, muss das Pferd nicht täglich bewegt werden.

Kapitel 20: Ethik

🐎 Grundsatz Nr. 1	☐ Pferde brauchen Menschen. Wir tragen die Verantwortung dafür, dass es jedem Pferd gut geht.
🐎 Grundsatz Nr. 2	☐ Pferde müssen richtig versorgt werden: Pferde brauchen Pflege, Licht und Luft, Futter, Bewegung und Kontakt zu anderen Pferden.
🐎 Grundsatz Nr. 3	☐ Die Gesundheit geht vor: Gesundheit und Zufriedenheit des Pferdes sind wichtiger als Erfolg um jeden Preis.
🐎 Grundsatz Nr. 4	☐ Alle Pferde sind wertvoll: Alle Pferde, egal ob jung oder alt, Weidepony oder Turnierpferd verdienen Pflege und Zuneigung.
🐎 Grundsatz Nr. 5	☐ Pferde und Menschen haben eine lange Geschichte: Zwischen Menschen und Pferden besteht seit Tausenden von Jahren eine enge Verbindung. Wir müssen bereit sein, von fremden Kulturen und früheren Zeiten zu lernen.
🐎 Grundsatz Nr. 6	☐ Pferde sind gute Lehrer: Pferde wissen, ob der Reiter ungeduldig oder unbeherrscht ist. Sie belohnen mit Freundlichkeit und Geduld. Dies sollten wir von den Pferden lernen. Das Pferd ist das Spiegelbild des Reiters!
🐎 Grundsatz Nr. 7	☐ Leistungen dürfen nicht erzwungen werden: Pferde haben verschiedenen Talente und Leistungsvermögen. Wir müssen die Grenzen der Pferde respektieren und die Leistungsfähigkeit nicht durch Gewalt, Zwang oder Medikamente beeinflussen.
🐎 Grundsatz Nr. 8	☐ Pferde und Menschen müssen miteinander lernen: Pferde und Menschen brauchen für den gemeinsamen Sport eine gute Ausbildung, die nie endet.
🐎 Grundsatz Nr. 9	☐ Pferde haben ein Recht auf ein würdiges Ende: Pferde werden nicht so alt wie Menschen. Auch am Lebensende lassen wir unser Pferd nicht im Stich und ersparen ihm unnötige Angst, Qual oder Schmerz.

Kapitel 21: Farben und Abzeichen

🐴 Welches sind die wichtigsten Fellfarben von Pferden?	☐ Schimmel, Rappe, Fuchs und Brauner.
🐴 Was ist der Unterschied zwischen einem Braunen und einem Fuchs?	☐ Ein Brauner hat braunes Deckhaar und schwarzes Langhaar, beim Fuchs sind Deckhaar und Langhaar gleichfarbig.
🐴 Welche Farbabstufungen gibt es bei den Braunen?	☐ Hellbrauner, Brauner, Dunkelbrauner und Schwarzbrauner.
🐴 Welche Farbabstufungen gibt es bei den Füchsen?	☐ Lichtfuchs, Dunkelfuchs, Goldfuchs, Rotfuchs und Schweißfuchs.
🐴 Welche Schimmelarten gibt es ?	☐ Rot-, Braun-, Schwarz-, und Grauschimmel, sowie Fliegen- und Apfelschimmel.
🐴 Was sind Stichelhaare?	☐ Weiße, abstehende Haare an den Beinen, am Kopf und an der Schweifwurzel.
🐴 Was ist ein Schecke?	☐ Ein Pferd mit unregelmäßig geformten Flecken im Fell, welche verschiedene Farben haben können.
🐴 Was ist ein Falbe?	☐ Falben haben ein helles Deckhaar, dunkles Langhaar und dunkle Wildfarbigkeitsabzeichen (Aalstrich, Zebrierung). Im weiteren Sinne wird das Wort auch für alle Pferde mit grauem oder sandfarbenen Deckhaar und dunklerem Langhaar verwendet.
🐴 Was ist ein Isabell oder Palomino?	☐ Bei dieser Färbung ist das Deckhaar des Pferdes gelb bis goldgelb, während das Langhaar der Mähne und des Schweifes cremefarben oder weiß bis silbern ist.
🐴 Was sind Tigerschecken?	☐ Bei diesen Pferden bilden sich eine Reihe verschiedener Scheckmuster aus, bei denen kleine runde dunkle Punkte auf weißem Grund oder kleine runde weiße Punkte auf dunklem Grund vorkommen.

Versuche die Pferde in den richtigen Farben auszumalen !

Hellbrauner	Braun	Dunkelbraun	Schwarzbraun
Lichtfuchs	Dunkelfuchs	Goldfuchs	Rotfuchs
Rotschimmel	Braunschimmel	Grauschimmel	Schwarzschimmel
Apfelschimmel	Fliegenschimmel	Schecke	Tigerschecke

🐴 Was sind sogenannte Abzeichen?	☐ Das sind farbliche Abweichungen im Fell des Pferdes, welche immer weiß sind.
🐴 An welchen Körperteilen kann das Pferd Abzeichen haben?	☐ Abzeichen haben Pferde üblicherweise am Kopf an den Beinen oder an der Schweifwurzel.
🐴 Wie entstehen Abzeichen an anderen Körperteilen?	☐ Manchmal haben Pferde auch weiße Stellen im Widerristbereich oder an anderen Stellen des Rumpfes. Diese entstehen durch verheilte Verletzungen.

Präge Dir die Abzeichen am Kopf und an den Beinen gut ein!

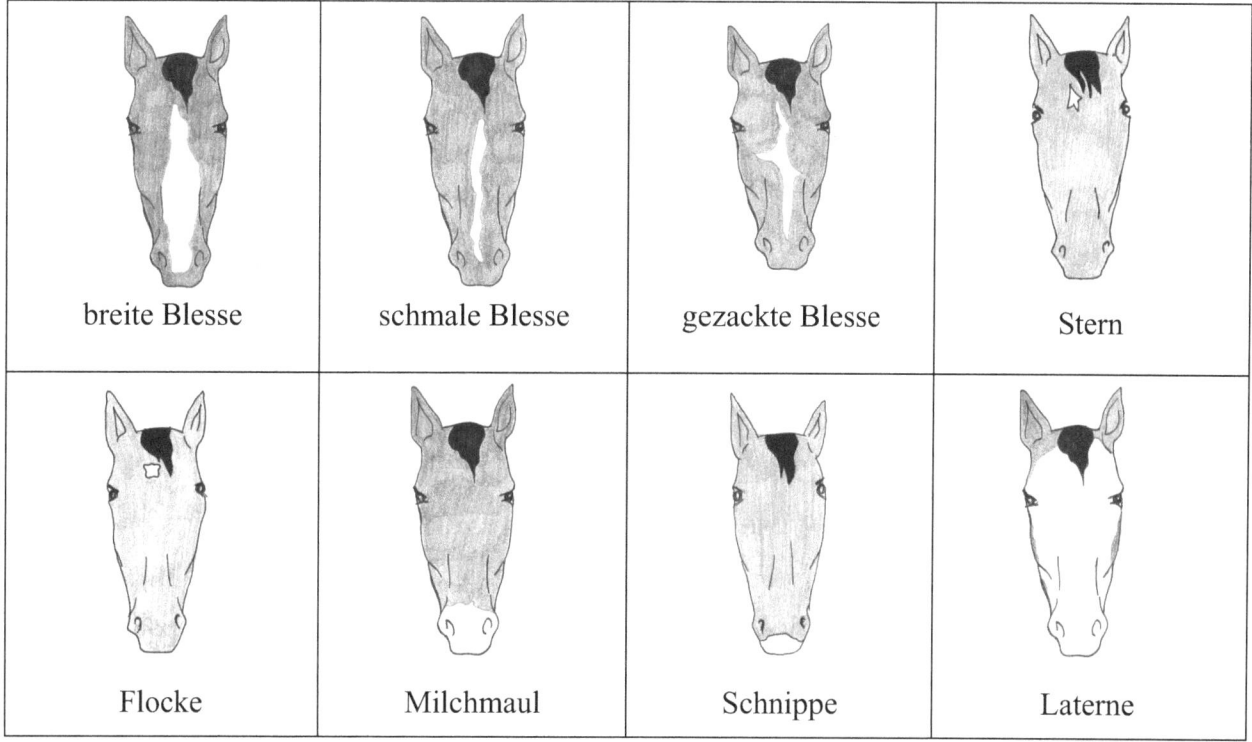

breite Blesse	schmale Blesse	gezackte Blesse	Stern
Flocke	Milchmaul	Schnippe	Laterne

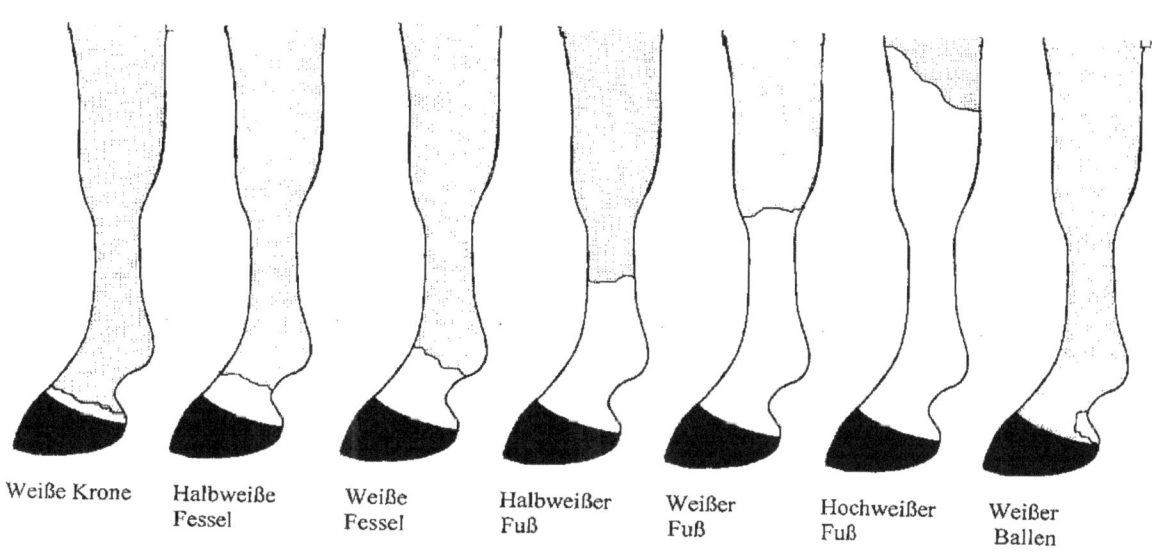

Weiße Krone   Halbweiße Fessel   Weiße Fessel   Halbweißer Fuß   Weißer Fuß   Hochweißer Fuß   Weißer Ballen

Versuche die Abzeichen am Kopf des Pferdes zu beschriften!

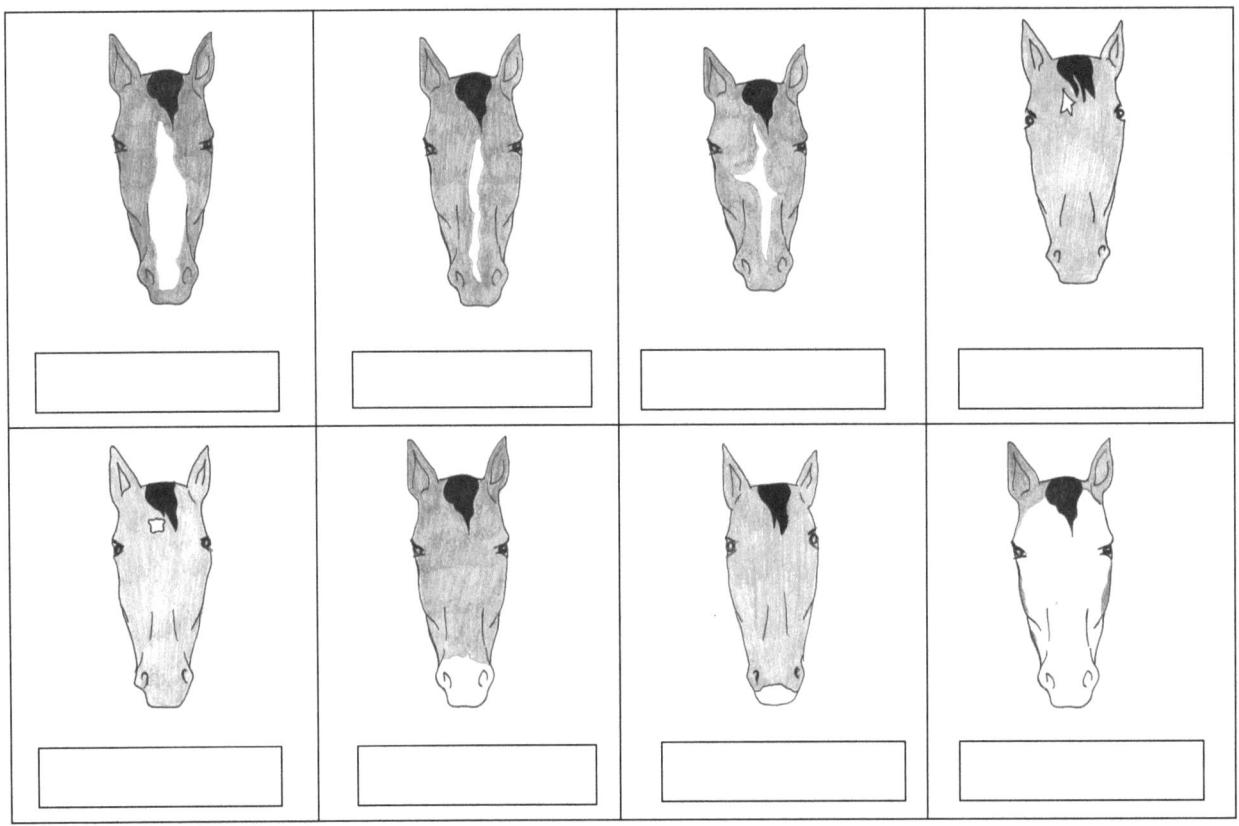

Versuche die Abzeichen an den Beinen des Pferdes zu beschriften!

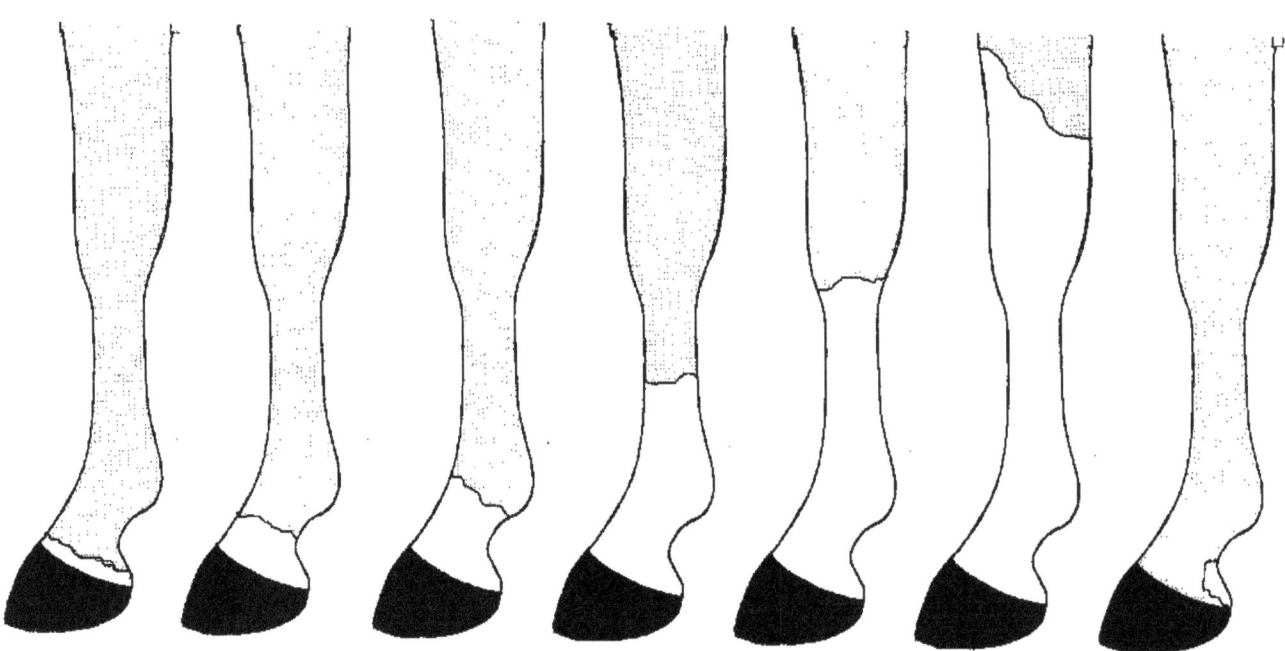

Kapitel 22: Geschlechter, Rassen, Brandzeichen

🐴 Was ist ein Hengst?	☐ Hengste sind männliche Pferde. Sie bedürfen einer konsequenten Erziehung, da manche Rassen durch den ausgeprägten Geschlechtstrieb zu aggressivem Verhalten neigen und schwierig im Umgang sein können. Hengste sind üblicherweise auch sehr temperamentvoll. Gekörte Hengste werden in der Zucht eingesetzt.
🐴 Was ist eine Stute?	☐ Stuten sind weibliche Pferde. Sie werden viel im Pferdesport als auch in der Zucht eingesetzt. Im 18. Lebensmonat wird eine Stute geschlechtsreif – allerdings sollte eine Stute frühestens mit drei Jahren gedeckt werden, da ansonsten die Entwicklung verzögert wird. Eine Stute wird alle 21- 24 Tage rossig und ist somit paarungsbereit. In dieser Zeit kann eine Stute auch vermehrt zickig sein.
🐴 Was ist ein Fohlen?	☐ Fohlen sind Jungtiere. Die Tragzeit dauert bei Pferden 315 bis 340 Tage. Hat man das Fohlen der Mutter entwöhnt, spricht man von einem Absatzfohlen.
🐴 Was ist ein Wallach?	☐ Wallache sind männliche, kastrierte Pferde. Die Kastration macht sie üblicherweise sehr umgänglich. Außerdem kann man sie dann problemlos in eine Herde integrieren, was mit Hengsten meistens nicht möglich ist. Sie sind beliebte Freizeitpferde, können aber auch im Turniersport eingesetzt werden.
🐴 Was ist ein Maultier?	☐ Ein Maultier oder Muli ist die Kreuzung zwischen einer Pferdestute und einem Eselhengst. Sie können sich nicht fortpflanzen.
🐴 Was ist ein Maulesel?	☐ Ein Maulesel ist die umgekehrte Variante: Die Mutter ist eine Eselin, der Vater ein Pferdehengst. Sie können sich fortpflanzen.

🐎 Wie unterscheidet man die verschiedenen Pferdetypen?	☐ In Vollblüter, Warmblüter, Kaltblüter und Ponys.
🐎 Wo liegt die Grenze zwischen Pferd und Pony?	☐ Man misst die Pferde. Dabei misst man vom Widerrist bis zum Boden. Die Grenze liegt bei einem Stockmaß von 1,48 m.
🐎 Nenne einige deutschen Warmblutrassen.	☐ Trakehner, Holsteiner, Hannoveraner, Westfale, Oldenburger.
🐎 Nenne einige Ponyrassen.	☐ Fjordpferd, Haflinger, Shetlandpony, deutsches Reitpony.
🐎 Wie heißen die letzten noch freilebenden Ponys in Deutschland?	☐ Die Dülmener Wildpferde.
🐎 Wozu brauchen Pferde einen Equidenpass?	☐ Darin sind der Name, der Stammbaum, die Chipnummer, die Beschreibung des Pferdes und auch alle Impfungen aufgeführt. Hier ist auch vermerkt, ob das Pferd, wenn es stirbt, in die Nahrungskette kommt oder nicht.
🐎 Wie kann man Pferde registrieren?	☐ Früher hat man den Pferden ein Brandzeichen aufgebrannt. Heutzutage verzichtet man immer häufiger darauf und implantiert den Pferden am Hals einen Mikrochip mit den nötigen Daten.

Lerne die folgenden Brandzeichen!

Trakehner	Holsteiner	Hannoveraner	Oldenburger
Fjordpferd	Haflinger	Shetland Pony	Deutsches Reitpony

Versuche die Brandzeichen aufzumalen!

Trakehner	Holsteiner	Hannoveraner	Oldenburger
Fjordpferd	Haflinger	Shetland Pony	Deutsches Reitpony

Kapitel 23: Sinneswahrnehmung

🐴 Wie unterscheidet sich das Sehvermögen des Pferdes von dem des Menschen?	☐ Aufgrund der seitlichen Anordnung haben Pferde beinahe eine Rundumsicht allerdings sehen sie nur im Bereich vor dem Kopf dreidimensional (binokular). Ansonsten sehen sie zweidimensional (monokular). Hinter dem Pferd befindet sich der tote Winkel, wo es gar nichts sieht.
🐴 Farbig oder Schwarzweiß? Was können Pferde erkennen?	☐ Pferde können nur blau und gelb sehen. Diese beiden Farben aber in allen Spektren. Man bezeichnet sie deshalb als Dichromaten. Wir Menschen sind Trichromaten.
🐴 Wie sehen Pferde in der Dämmerung und Nachts?	☐ In der Dämmerung sehen Pferde deutlich besser als wir Menschen. Das Pferdeauge kann sich in Sekunden von Dunkel zu Hell anpassen. Allerdings dauert die Anpassung von Hell zu Dunkel mehrere Minuten.
🐴 Wie steht es um die Sehschärfe?	☐ Pferde haben keine gute Sehschärfe. Dies ist auch ein Grund, warum sie z.B. Stromdrähte schlecht erkennen können. Hingegen erkennen sie aber andere Pferde anhand deren Kontur und Farbe.
🐴 Wie ist das dimensionale Sehen?	☐ Das Pferd kann nach hinten und zur Seite nur zweidimensional sehen. Dadurch können sie Entfernungen schlecht einschätzen – ein Grund für seitliches Wegscheuen.

Beschrifte die Sichtfelder des Pferdes!

Wie funktioniert das Hören beim Pferd?	☐ Pferde können weitaus mehr Frequenzen hören als wir Menschen. Auch ein Grund, warum Pferde fliehen und wir uns fragen warum.
Wie funktionieren die Ohren?	☐ Durch die gute Beweglichkeit der Ohren kann das Pferd auf große Entfernungen leiseste Geräusche empfangen.
Wozu dient das gute Hören?	☐ Die Pferde erkennen sich über das Wiehern und uns Menschen an unserer Stimme. Unser Tonfall sollte nicht zu laut sein, und man sollte dauerndes Reden vermeiden.
Wie funktioniert das Schmecken?	☐ Pferde haben keinen besonders ausgeprägten Geschmackssinn. Dafür ist das Fressbedürfnis umso besser ausgebildet.
Wie funktioniert das Riechen?	☐ Über das Riechen erkennen die Pferde, ob das Futter fressbar ist. Außerdem erkennen die Pferde ihre Artgenossen und auch uns Menschen am Geruch. Außerdem können sie über die Pheromone erkennen, ob ein Mensch ängstlich, aggressiv oder freundlich ist. Wenn das Pferd flehmt, kommen die Geruchsstoffe besser an das Jakobson´sche Organ.
Was ist das Jakobson´sche Organ?	☐ Es sitzt in der Nasenschleimhaut, ist nur 2 Millimeter groß und wird von der äußeren Nüster begrenzt. Mit diesem Organ kann das Pferd jedes andere Pferd in der Herde unterscheiden.
Wie gut ist der Tastsinn bei Pferden?	☐ Der Tastsinn ist sehr ausgeprägt. Auch leiseste Berührungen können Pferde spüren und auch lokalisieren. Die Tasthaare am Maul schützen vor Anstoßen und geben Aufschluss über Fremdkörper im Futter. Rezeptoren auf der Haut sind über den Körper unterschiedlich dicht verteilt. Sie geben Informationen über Temperatur, Schmerz oder Druck. Rezeptoren sind auch veränderbar: Zum Beispiel abgestumpft durch falsches Treiben.
Wie steht es um das Gleichgewicht des Pferdes?	☐ Das Gleichgewicht sitzt im Innenohr und muss trainiert werden z.B. durch Geländeritte, unebenen Boden, Stangenarbeit, Bergauf und Bergab.

Kapitel 24: Transport von Pferden und Verladen

🐴 Wie wird ein Pferd zum Verladen ausgerüstet?	☐ Es benötigt ein gut sitzendes Stallhalfter mit Führstrick, Verladegamaschen, Schweifschutz und wenn nötig eine Decke. Nervöse Pferde bekommen einen Kopfschutz. Man kann auch eine Führkette verwenden.
🐴 Wie ist der Reiter, der das Pferd verlädt ausgerüstet?	☐ Verladen ist eine gefährliche Angelegenheit, vor allem, wenn das Pferd ungeübt ist. Deshalb ist es wichtig, Handschuhe, festes Schuhwerk und einen Helm zu tragen.
🐴 Was beachtet man bei Zugfahrzeug und Anhänger?	☐ Das Zugfahrzeug muss eine ausreichende Stützlast haben, die Reifen müssen etwas mehr Druck bekommen und man sollte, wenn nötig vor dem Verladen tanken. Die Lichtanlage des Anhängers sollte vor dem Verladen kontrolliert werden.
🐴 Wie kuppelt man den Anhänger an?	☐ Das Kupplungsteil muss auf der Anhängekupplung richtig einrasten. Das Sicherungsseil für die Handbremse wird über die Anhängekupplung gelegt, damit der Anhänger gebremst wird, sollte er sich lösen. Die Elektrik wird eingesteckt und das Stützrad wird hochgezogen und gesichert, damit man es unterwegs nicht verliert.
🐴 Was muss man für das Pferd auf einer Reise oder auf dem Weg zu einem Turnier mitnehmen?	☐ Auf längeren Reisen sollte man immer das gewohnte Futter dabei haben. Manche Pferde sind auch mit dem Wasser sehr empfindlich. Sollte dies so sein, nimmt man auch einen Kanister Wasser mit. Ansonsten das benötigte Sattelzeug, Pflegeartikel und einen Stallbesen zum Reinigen des Anhängers.
🐴 Wie legt man eine Führkette an?	☐ Die Führkette wird auf der linken Seite durch die untere Halteröse geführt, dann über Nasenrücken bzw. Kinnpartie gelegt. Auf der rechten Seite wird sie wieder durch den unteren Halfterring geführt. Den Karabinerhaken hängt man rechtsseitig im oberen Halfterring ein.

🐴 Was beachtet man vor dem Einladen? 	☐ Beim Öffnen der Rampe immer an der Seite stehen, denn sie ist sehr schwer! Die Rampe muss gerade auf dem Boden aufliegen und darf nicht wackeln. Die Verschlusshebel werden unter die Rampe gedreht, damit sich das Pferd nicht daran verletzen kann. Die Seitentür am Anhänger wird geöffnet, damit man dann vorne den Anhänger verlassen kann.
🐴 Wie lädt man das Pferd ein?	☐ Links und rechts neben der Rampe stehen zwei Hilfspersonen, die dem Pferd Sicherheit geben und darauf achten, dass das Pferd gerade in den Anhänger geht. Eine dritte Person führt das Pferd zügig und konsequent in den Anhänger.
🐴 Und wenn das Pferd im Anhänger steht?	☐ Steht es auf dem Anhänger, hängen die Hilfspersonen sofort die Querstange ein, damit das Pferd nicht mehr rückwärts treten kann. Erst dann darf das Pferd vorne angebunden werden. Die Rampe wird vorsichtig geschlossen, damit sich das Pferd nicht erschrickt. Die Seitentür des Anhängers gut verschließen.
🐴 Wie kann man einem Pferd das Verladen erleichtern?	☐ Man legt den Anhänger mit Stroh aus, hängt einen Heusack auf und stellt die Zwischenwand an die Seite, damit es beim Verladen mehr Platz hat.

Wie kann man mit jungen Pferden das Verladen üben?	☐ Man braucht viel Zeit und Geduld und sollte es oft üben. Man stattet den Anhänger wie eine Box aus, und parkt ihn mit einer Seite dicht an eine Wand, damit das Pferd schon mal an einer Seite begrenzt ist. Dann versucht man es in aller Ruhe und spart nicht mit Lob und Belohnung. Man kann auch zunächst ein erfahrenes Pferd auf den Anhänger stellen.
Was macht man, wenn sich ein Pferd nicht verladen lässt?	☐ Man kann an beiden Seiten des Anhängers eine Longierleine befestigen und diese dann über den Sprunggelenken des Pferdes kreuzen. Man zeigt dem Pferd damit, dass es keine Ausweichmöglichkeit nach hinten oder zur Seite gibt. Dies ist aber nicht ungefährlich und sollte nur von erfahrenen Reitern gemacht werden.
Auf welcher Seite verlädt man, wenn man nur mit einem Pferd fährt?	☐ Fährt man viel Landstraße, ist es besser links zu verladen, denn man schützt das Pferd vor dem abschüssigen und rauen Bankett. Fährt man viel Autobahn, verlädt man besser rechts, denn dann sieht das Pferd überholende Laster nicht so sehr.
Wie verhält man sich als Fahrer mit Anhänger?	☐ Man fährt vorsichtig und umsichtig! Vor allem in den Kurven muss man langsam fahren, denn das Pferd weiß nicht, wann abgebogen wird. Außerdem muss der Fahrer einen deutlich längeren Bremsweg einkalkulieren.
Wie wird das Pferd ausgeladen?	☐ Nach dem Öffnen der Anhängerklappe wird das Pferd zu allererst losgebunden. Erst dann wird hinten die Querstange geöffnet. Das Pferd wird vorsichtig rückwärts geführt, wobei man den Kopf des Pferdes zur Außenwand des Anhängers drückt damit es auf der Rampe nicht daneben tritt. Hilfspersonen geben dem Pferd beim Ausladen Sicherheit, indem sie ihm gut zureden.

| Kleiner Leitfaden zum Ankuppeln | 1. Die Kupplungsklaue wird über der Anhängerkupplung positioniert. Man kurbelt das Stützrad so lange nach unten, bis die Klaue auf der Anhängerkupplung einrastet. Ob sie eingerastet ist, kann man an einem kleinen + Zeichen erkennen. |

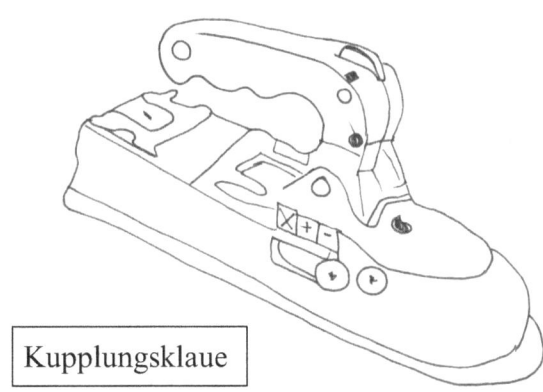

Kupplungsklaue

Anhängerkupplung

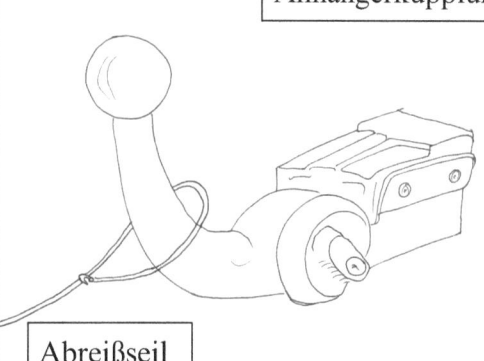

Abreißseil

2. Jetzt das Abreißseil über die Anhängerkupplung legen. Dieses Seil sorgt dafür, dass der Anhänger gebremst wird, sollte die Kupplung brechen.

Stecker für Elektrik

3. Jetzt muss noch der Stecker für die Beleuchtung des Anhängers am Auto unterhalb der Anhängerkupplung eingesteckt werden. Man sollte alle Außenlampen und die Innenbeleuchtung des Anhängers vor der Abfahrt immer überprüfen.

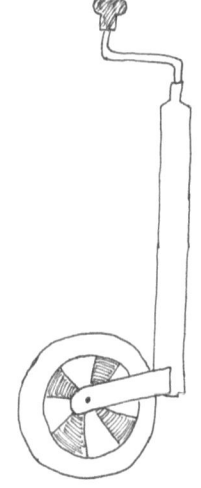

4. Zuletzt noch das Stützrad hochkurbeln, bis es ganz eingeklappt ist und die Reise kann losgehen.

Stützrad

Kapitel 25: Haltungsformen

🐴 Welche Haltungsformen gibt es?	☐ Gruppenauslaufhaltung und Boxenstallhaltung sind die bekanntesten Formen.
🐴 Wie funktioniert die Boxenhaltung und für welche Pferde eignet sie sich?	☐ Hier ist das Pferd fast immer in seiner Box und somit darauf angewiesen, dass sich der Besitzer täglich darum kümmert. Diese Haltung eignet sich für Turnier- und Leistungspferde, da hier die Verletzungsgefahr am geringsten ist.
🐴 Wie funktioniert die Gruppenauslaufhaltung und für welche Pferde eignet sie sich?	☐ Hier sind die Pferde sowohl im Sommer als auch im Winter immer auf der Weide und haben nur einen Offenstall. Dies eignet sich gut für Freizeitpferde.
🐴 Wie sieht ein Offenstall aus?	☐ Der Offenstall hat drei geschlossene Wände wobei die offene Seite zur windärmsten Seite zeigt. Der Boden ist trocken und gut eingestreut.
🐴 Was ist eine Laufstallhaltung?	☐ Hier teilen sich mehrere Pferde einen größeren Stall. Es sollte auch mehrere Futterstellen geben, damit es nicht zu Streitereien kommt.

🐴 Wie funktioniert ein Aktivstall?	☐ Hier leben die Pferde im Herdenverband in Offenstallhaltung und bewegen sich frei in einem eingezäunten Bereich. Futterstelle, Tränke, Ruhe- und Wälzzonen liegen weit auseinander, um den Pferden eine Gelegenheit zu geben, sich aktiv zu bewegen.
🐴 Und was ist mit der Ständerhaltung?	☐ Dabei sind die Pferde angebunden und nur durch halbhohe Wände voneinander abgegrenzt. Die Pferde können sich nicht umdrehen oder hinlegen. Ständerhaltung ist in Deutschland mittlerweile verboten.
🐴 Was gibt es für Einstreumöglichkeiten?	☐ Mittlerweile gibt es sehr viele verschiedene Arten von Einstreu. Dazu gehören z.B. Stroh, Späne, Maisstroh oder Strohpellets.
🐴 Welche Einstreu wähle ich für welches Pferd?	☐ Üblicherweise streut man mit Stroh oder Maisstroh ein. Das Pferd kann dann auch seinen Raufutterbedarf abdecken. Pferde, die gerne alles auffressen, stellt man auf Späne.
🐴 Was passiert mit dem Pferdemist?	☐ Man muss täglich gründlich ausmisten. Der Mist wird auf einem Misthaufen gelagert, der dann vom Bauern abgefahren wird. Stroh macht am meisten Mist.
🐴 Was sollte man beim Einstreuen von Stroh beachten?	☐ Wenn man frisches Stroh nachstreut, sollte man unbedingt darauf achten, dass das Stroh nicht verschimmelt ist und die Strohbänder entfernt sind.
🐴 Wie funktioniert Matratzenstreu?	☐ Hier wird aus Stroh oder Späne im Laufe des Winters eine Matratze gebildet. Auch hier wird täglich gründlich ausgemistet. Das ist zwar für die Pferde warm, wenn sie sich hinlegen, allerdings atmen sie viel Ammoniak ein, was zu Atemwegserkrankungen führen kann. Hier ist Vorsicht geboten.

Kapitel 26: Stallbau

🐴 Wie sieht ein guter Stall aus?	☐ Ein guter Stall ist groß, hell, luftig aber ohne Zugluft.
🐴 Welche Fläche muss eine Pferdebox mindestens haben?	☐ Die Boxengröße errechnet sich aus der Größe des Pferdes: Stockmaß mal 2 und diese Zahl ins Quadrat.
🐴 Sollen sich die Pferde sehen können?	☐ Pferde sind Herdentiere und brauchen den Kontakt zu anderen Tieren.
🐴 Was beachtet man bezüglich der Fenster?	☐ Man rechnet pro Pferd mindestens einen Quadratmeter Fensterfläche. Ist das Fenster in der Box, muss es mit Eisengittern gesichert sein.
🐴 Was beachtet man bei den Boxentüren?	☐ Boxentüren sollten mindestens 1,10 Meter breit sein und sich entweder aufschieben oder ganz an die Wand schlagen lassen. Ein sicherer Riegel, den das Pferd nicht öffnen kann, ist sinnvoll.
🐴 Was beachtet man bei den Gitterstäben?	☐ Die Gitterstäbe sollten nicht weiter als vier Zentimeter auseinander sein, da das Pferd sich sonst mit den Hufen darin verkanten kann.
🐴 Wohin kommen Trog und Tränke als auch Lecksteinhalter?	☐ Trog, Tränke und Lecksteinhalter werden in Höhe des Buggelenks in unterschiedlichen Ecken der Box angebracht.
🐴 Wie kann man die Luft im Stall frisch halten?	☐ Türen und Fenster sollen häufig zum Lüften geöffnet werden. Man kann auch vergitterte Außentüren anschaffen und diese nachts offen lassen. Vor dem Fegen sollte man die Stallgasse anfeuchten.
🐴 Was ist eine Zwangslüftung?	☐ Hier sorgen Ventilatoren für die Zuführung von frischer Luft.
🐴 Was beachtet man bezüglich der Elektrik?	☐ Elektrische Anlagen müssen immer von einem Fachmann installiert werden. Außerdem dürfen sie nie in Reichweite eines Pferdes sein.
🐴 Wo lagert man die Ausrüstung fürs Pferd?	☐ In einer abschließbaren Sattelkammer.

Kapitel 27: Bewegungsflächen

Welche Anlagen muss ein gut funktionierender Reiterhof besitzen?	☐ Ein Reiterhof hat folgende Anlagen: • Weide und/oder Paddocks • Reitplatz und /oder Reithalle • Longierplatz und /oder Longierhalle • Sattelkammer • Aufenthaltsraum • Boxen
Wie groß muss die Weide für ein Pferd sein?	☐ Jedes Pferd benötigt 5000 Quadratmeter Weidefläche. Außerdem sollten auf der Weide ein Unterstand und eine Tränke vorhanden sein.
Was ist ein Paddock?	☐ Ein Paddock ist ein kleiner umzäunter Außenplatz mit Sand- oder Grasboden. Er ist etwa doppelt so groß wie eine Box und sozusagen der Balkon für das Pferd.
Wie sieht eine gute Einzäunung aus?	☐ Man kann entweder mit breiter weißer Stromlitze einzäunen oder mit einem richtigen Holzzaun. Wählt man den Holzzaun, muss man auf jeden Fall auch einen Stromzaun mitführen. Stacheldraht ist in Deutschland verboten!
Was muss man bei kleinen Weideflächen beachten?	☐ Hat man kleine Flächen, muss man regelmäßig abäppeln, das lange Unkraut kurz halten und immer nach Giftpflanzen Ausschau halten. (Das gilt auch für große Weiden.)
Was beachtet man, wenn man ein fremdes Pferd in eine bestehende Herde eingliedern möchte?	☐ Kommt ein fremdes Pferd auf die Weide, gibt es erst einmal Rangkämpfe. Dann ist es gut, wenn die Pferde keine Hufeisen tragen, denn sonst ist die Verletzungsgefahr zu groß. Außerdem sollte man sich nie bei Kämpfen einmischen – es besteht Lebensgefahr!

Kapitel 28: Vormustern eines Pferdes

🐴 Was passiert beim Vormustern?	☐ Hier wird das Pferd an der Hand vorgestellt, um eine Eintragung in ein Zuchtbuch zu erreichen. Pferde werden auch auf Auktionen oder Körungen auf der Dreiecksbahn präsentiert.
🐴 Wie bereitet man das Pferd darauf vor?	☐ Das Pferd muss in einem hervorragenden Zustand sein. Das Fell muss glänzen, das Langhaar wird eingeflochten oder sauber gebürstet. Die Hufe sind gerundet und sauber, dürfen aber nicht gefettet sein, damit etwaige Mängel nicht verdeckt werden.
🐴 Wie rüstet man das Pferd aus?	☐ Das Pferd wird ausschließlich mit einer Reittrense vorgestellt. Bandagen und Gamaschen sind verboten.
🐴 Was muss der Führende bedenken?	☐ Der Führende trägt angemessene Kleidung und verzichtet auf Reitstiefel, da er damit nicht richtig laufen kann. Außerdem benötigt er einen Peitschenführer.
🐴 Was muss man alles auf der Dreiecksbahn vorführen?	☐ Der Führende zeigt auf der Dreiecksbahn die Gangarten Schritt und Trab, als auch eine Aufstellung des Pferdes von beiden Seiten.
🐴 Worauf achtet die Prüfungskommission?	☐ Diese wollen Takt, Fleiß und Raumgriff sehen. Das Pferd soll sich in Schritt und Trab frei und natürlich bewegen können.

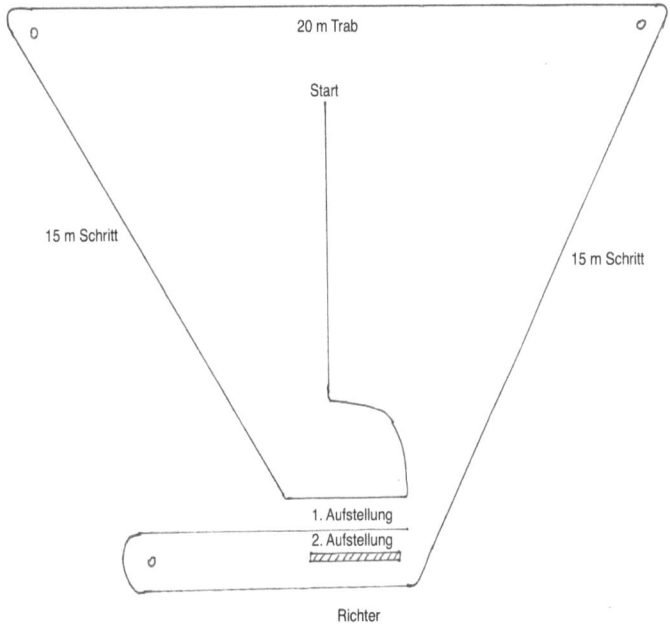

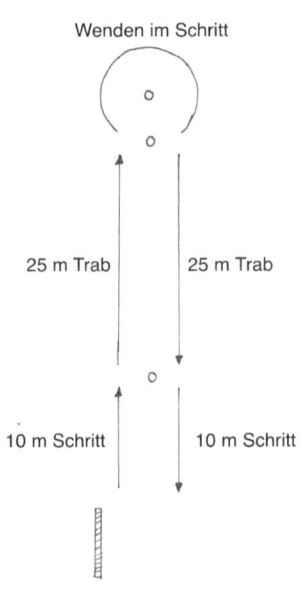

Wie ist der Weg durch die Dreiecksbahn? Zeichne ein!

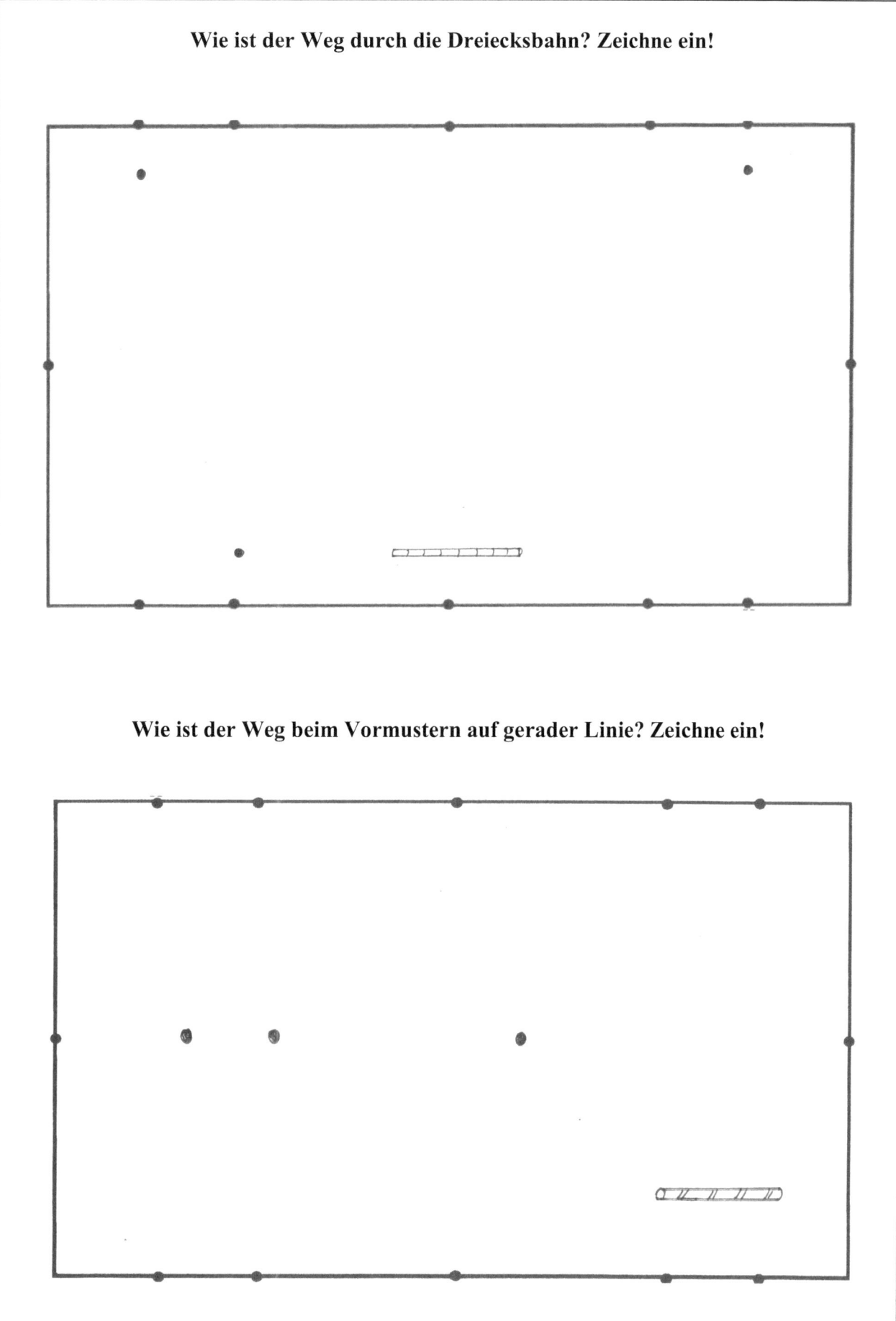

Wie ist der Weg beim Vormustern auf gerader Linie? Zeichne ein!

Kapitel 29: Führen im Straßenverkehr

🐴 Wie ist die gesetzliche Regelung für das Führen eines Pferdes auf der Straße?	☐ Hier gilt die Straßenverkehrsordnung. Der § 28 regelt ausdrücklich, wie sich Pferd und Führender zu verhalten haben.
🐴 Was sagt der Paragraph 28 aus?	☐ Pferde sind nur im Straßenverkehr zugelassen, wenn sie von einer geeigneten Person geführt werden. Das heißt, dass der Führende genug Sachkenntnis und ausreichend Kraft haben muss, um im Notfall auf das Pferd einwirken zu können.
🐴 Wie führt man auf der Straße?	☐ Führende müssen das Pferd auf der Fahrbahn führen - Fuß-und Radwege sind verboten. Wird die Fahrbahn von einer durchgezogenen weißen Linie begrenzt, muss rechts von dieser Linie geführt werden.
🐴 Welche Ausrüstung benötigt das Pferd?	☐ Das Pferd muss mit einem Reithalfter ausgerüstet sein. Führt man das Pferd mit Stallhalter und Führstrick, kann bei einem Schaden ein Mitverschulden entstehen.
🐴 Was beachtet man in der Dämmerung oder bei schlechter Sicht?	☐ Pferd und Führender müssen ausreichend beleuchtet sein. Vorgeschrieben sind nach vorne und hinten Leuchten mit weißem Licht. Hilfreich sind auch Kleidung oder Decken mit Reflektoren.
🐴 Was ist grundsätzlich im Straßenverkehr verboten?	☐ Pferde, die den Verkehr gefährden dürfen nicht auf die Straße! Außerdem dürfen Pferde nicht vom Fahrrad oder Auto aus geführt werden. Der Führende darf immer nur **ein** Pferd führen.
🐴 Was ist ein Verband?	☐ Bei einer größeren Gruppe von Führenden, werden immer zwei Pferde nebeneinander geführt. Der Verband darf aber nicht länger als 25 Meter (ca. 6 Pferde) sein.
🐴 Wie verhält man sich bei Schildern und Ampeln?	☐ Pferde gelten als Fahrzeuge - es müssen also alle Verkehrsregeln eingehalten werden. Abwenden wird mit Handzeichen angezeigt.
🐴 Wie quert man eine Straße?	☐ Man wartet eine Lücke im Verkehr ab und quert dann zügig. Bei mehreren Pferden können zwei Führende die Straße absichern.
🐴 Wie begegnet man anderen Verkehrsteilnehmern?	☐ Es wird grundsätzlich im Schritt geführt, genügend Sicherheitsabstand eingehalten und ein freundlicher Umgang gewahrt.
🐴 Und was ist mit "Hinterlassenschaften"?	☐ Bei Pferdeäpfeln handelt sich um eine Verschmutzung der Straße, die beseitigt werden muss - ansonsten dräut eine Geldstrafe.

Vorschlag einer Führaufgabe Pferdeführerschein Umgang

Weg vom Stall zum Parcour	Korrektes Führen in folgenden Situationen: Zum Beispiel: Passieren von Autos, Treckern, Hunden, Personen, etc.
C	Anführen auf Führposition links und auf rechter Hand. Auf der Viertellinie abwenden und Slalom um die Hütchen. Am Ende rechte Hand.
A	Halten und Führposition auf rechts wechseln. Anführen im Schritt.
K - H	Traben auf gerader Linie.
H	Abwenden und Stangentreten vor C. Am Ende rechte Hand.
M - F	Gangmaßwechsel im Schritt
F	Kehrtvolte 10 m.
C	Halten, Pferd rückwärtsrichten

Trage die Führaufgabe in das Dressurviereck ein!

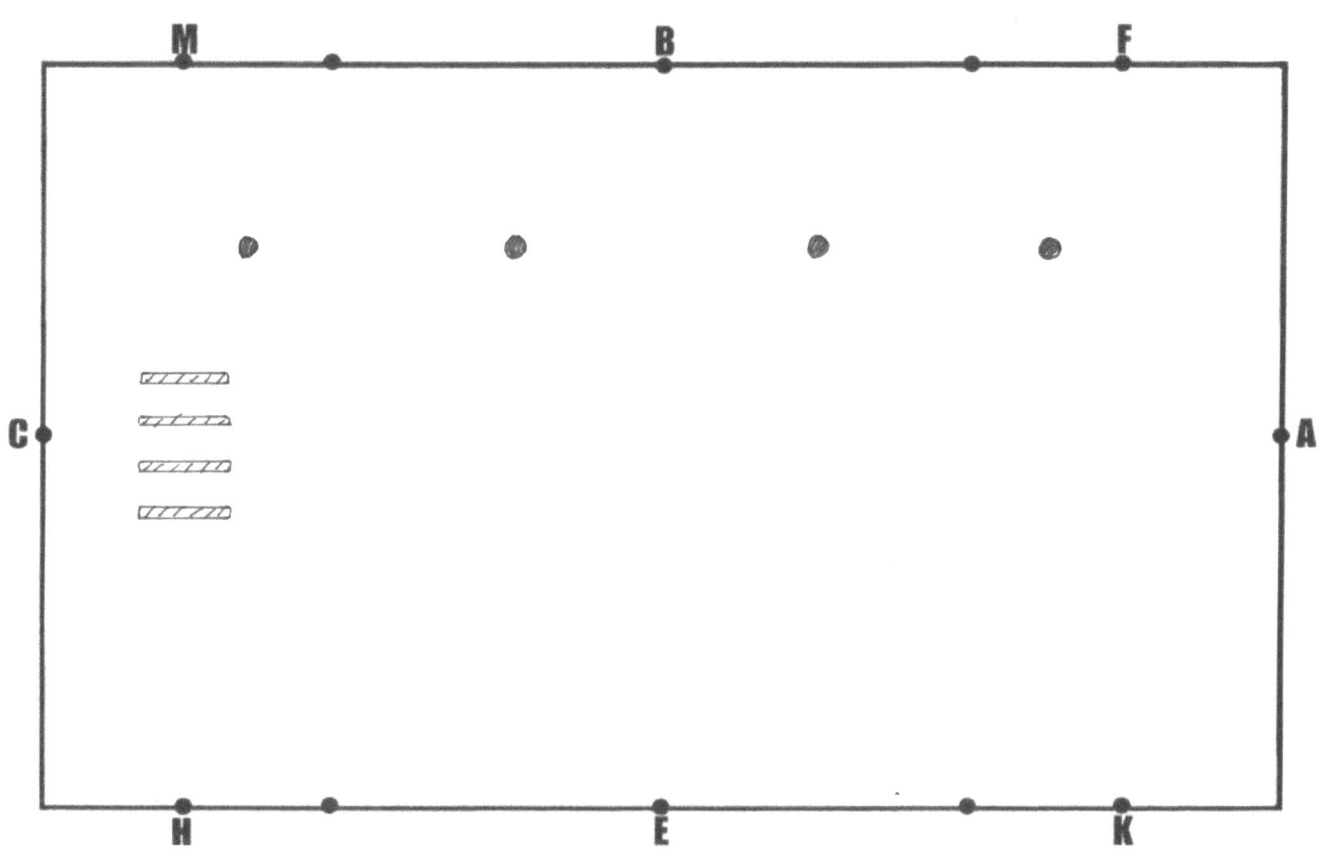

Praktische Prüfungen für den Pferdeführerschein Umgang

für _____

Am Pferd

	bestanden am:
Ansprechen, Annähern, Halftern	
Aus der Box	
Anbinden	
Pferdepflege	
Erweiterte Hufpflege	
Sattelbau mit Anpassen	
Reithalfterbau mit Anpassen	
Bandagen und Gamaschen	
Zur Seite weichen lassen	
Loslassen auf der Weide	
Passieren anderer Pferde	
Verladen (einschließlich korrekter Ausrüstung)	
Erste Hilfe für das Pferd und Eindecken	
Boxenpflege	

Bodenarbeit

	bestanden am:
Halten punktgenau	
Geradeausführen beidseitig - auch im Trab	
Gangmaßwechsel im Schritt	
Slalom	
Führen von Hufschlagfiguren	
Rückwärts treten lassen	
Vormustern auf der Dreiecksbahn oder auf gerader Linie	
Anlegen Knotenhalfter	
Passieren von Gefahrenstellen	

Theoretische Prüfungen für den Pferdeführerschein Umgang

für _____

Impressum

64

Herstellung und Verlag:
BoD – Books on Demand, Norderstedt
ISBN 9783750437210